—「言葉による見方・考え方」を鍛える教材の探究—

物語・小説「読み」の授業のための教材研究

阿部　昇　著

明治図書

JN141675

はじめに――「深い学び」は深い教材研究なしには生まれない

教材研究を深めることで「深い学び」が生まれ「言葉による見方・考え方」が育つ

二〇一七年・二〇一八年学習指導要領で「深い学び」が前面に位置づけられた。それと関わり「見方・考え方」が明記され、国語科では「言葉による見方・考え方」が示された。言語能力の向上も重視されている。国語の授業で「深い学び」を展開し、「言葉による見方・考え方」を鍛え、言語能力を育てていくためには、教師の高い授業力が求められる。その際に、質の高い教材研究ができているかどうかが鍵となる。

しかし、これまで国語の授業は、この教材研究が不十分なままに展開されることが少なくなかった。表層の読みとり、指導書レベルの読みとりで授業に入っていた。だから、学びが浅くなり言語の能力も育たない。

本書は、「読むこと」分野の物語・小説の代表的な教材を八つ取り上げ、丁寧にそして深く研究を進めた。これまでの国語科教育の研究・実践の成果に学びつつも、同時にそれらを批判的にも検討し、質の高い読みを目指した。取り上げた教材は、「スイミー」（L＝レオニ）、「お手紙」（A＝ローベル）、「一つの花」（今西祐行）、「大造じいさんとガン」（椋鳩十）、「海の命」（立松和平）、「少年の日の思い出」（H・ヘッセ）、「字のない葉書」（向田邦子）、「故郷」（魯迅）である。いずれも複数の教科書に長年採られてきたものである。

小学校・中学校の先生方にとって、すぐに生かせるかたちで多様な観点から教材研究を行った。ここまで読めていれば、「言葉による見方・考え方」を生かしながら「深い学び」を実現することができる。

「言葉による見方・考え方」は国語科の高次の教科内容である

新学習指導要領の「言葉による見方・考え方」は、知識・技能といったレベルの教科内容を超えた言語による高次の認識の仕方・対象のとらえ方・考え方のことである。第一章では国語科の高次の教科内容を、それを育てるための指導過程とともに示した。そして第二章から八つの小中の物語・小説教材の研究を行った。

本書の教材研究では、数多くの「言葉による見方・考え方」を使っている。本書は「言葉による見方・考え方」を駆使して教材に向かえば、ここまで読むことができるということを証明したものであるとも言える。

たとえば、物語・小説のクライマックスに着目しながら、作品の全体構造を読みとる。導入部に着目し人物設定の意味を、全体構造と関連付けながら発見する。展開部・山場では、作品の大きな事件の枠組みを意識しながら、大切な事件の節目に着目する。着目したところでは、比喩・反復・倒置・体言止め・象徴などの技法（レトリック）の特徴を重視しながら読み深める。それらを総合しながら、作品の主題を多様に読みとる。また、作品を多面的に吟味・評価する。――などの「言葉による見方・考え方」を使っている。（その概要が第一章に書かれている。ただし、第一章を飛ばして第二章からお読みいただいても構わない。）

物語・小説を読むことは、楽しく心躍る過程である。右の「言葉による見方・考え方」を生かして読み深めていくと、これまで以上に楽しく新しい作品世界が見えてくる。優れた作品（教材）は、こちらのアプローチが豊かで鋭いと、その魅力を一層顕在化させてくれる。

本書では教材研究、教科内容としての「言葉による見方・考え方」、指導過程を提案している

国語科教育について考える時、私は五つの枠組みを用いる。「目的論」「内容論」「教材論」「指導過程論」「授業論」である。国語科では何を目指すのかを論じる「目的論」、身につけさせるべき国語の力を論じる「内容論」、そのための教材選択・教材研究のあり方を論じる「教材論」、それに基づきどういう手順で授業展開するかを論じる「指導過程論」、そして一時間の授業をどう構築するかを論じる「授業論」である。

本書の中心部分である第二章～第九章では、そのうちの「教材研究」に特化して追究を行った。そして、第一章では、その前提となる教科の「内容（言葉による見方・考え方）」と「指導過程」について述べた。

私が提案している指導過程は次の三つである。それに沿って教科内容を提示し、教材研究を展開した。

1　物語・小説の構成・構造を読む指導過程――構造よみ
2　物語・小説の形象・技法を読む指導過程――形象よみ
3　物語・小説の吟味・評価をする指導過程――吟味よみ

まず全体の「構成・構造」を読む。次いでそれを生かしながら各部分の「形象」や形象相互の関係を読む。その際に様々な「技法」や、仕掛けに着目する。その延長線上で主題をつかむ。最後にそれらの読みを生かしながら「吟味・評価」を行う―という指導過程である。それらを通して子どもに「読む力」を身につけさせる。それらの過程で、子どもたちは物語・小説を「読む方法」を学び、読む力を身につけていく。その「読む方法」が、国語科の高次の教科内容としての「言葉による見方・考え方」である。第二章～第九章の教材研究は、それぞれ右の三つの指導過程に沿うかたちで提案した。

教材研究が、探究のイメージ―目標・ねらい、学習課題・発問・助言を導き出す

教材研究が深いからといって、直ちに国語の授業の質が上がるわけではない。しかし、教材研究が弱いために、せっかく手厚い指導の工夫をしても深い学びにつながらないことが多い。教材研究が深ければ、この授業で子どもたちにこういう探究をさせるというイメージが湧いてくる。すると、探究によってこういう国語の力（言葉による見方・考え方）を育てるという具体的な目標・ねらいが見えてくる。学習課題や発問・助言などの指導言も浮かび上がってくる。教材研究が、深い学びの授業を実現する大きな鍵を握る。

本書では丁寧に教材研究を示した。ただし、これらすべてをこのまま授業化するということではない。子ど

もたちの到達度に合わせて絞り込むことが必要である。その絞り込みのためにも深く豊かな教材研究が必要となる。特に「吟味よみ」については作品研究の領域に踏み込んだものもある。だから、それらをそのまま授業で取り上げなくてもよい。ただし意外なくらいこれに近い感想を子どもは出してくる。その際に教師の深い吟味が生きる。いずれにしても深い吟味的な読みができていることが、授業を豊かなものにする。

＊

「はじめに」の最後に三つのことを申し上げたい。

1　本書と合わせて、本書の姉妹編である拙著『増補改訂版　国語力をつける物語・小説の「読み」の授業』（明治図書）をご覧いただきたい。二冊を合わせてご覧いただくことで教材研究、教科内容がより立体的に見えてくる。そこでは「モチモチの木」「ごんぎつね」「走れメロス」の詳細な教材研究も提示している。

2　本書は、日本教育方法学会、全国大学国語教育学会などの学会や「読み」の授業研究会などの研究会での研究、全国の先生方との共同研究の成果を生かして書いた。内容についての責任はすべて阿部に帰するものだが、本書にはそういった全国の研究者・先生方との共同研究が反映されていることを知っていただきたい。

3　今回は各教材の先行研究・先行実践の引用・検討は必要最小限に留めた。頁数の制約、時間的制約による。そのことをご了承いただきたい。先行研究・先行実践の検討については、次の機会に丁寧に行いたい。

＊

本書が、これまでの国語の授業を見直し、新しい授業のあり方を見出す糸口となることを願う。そして、それにより国語の授業ですべての子どもに確かで豊かな国語の力が保障されるようになっていくことを望む。

秋田大学　阿　部　昇

目次

第一章　国語力をつける物語・小説の「読み」の授業
―力をつけるための指導過程と「言葉による見方・考え方」としての教科内容

第1節　三つの指導過程「構造よみ―形象よみ―吟味よみ」

1　三つの指導過程で高い国語力＝言語の能力を育てる―「言葉による見方・考え方」

子どもたちに物語・小説を読む力を育てるための指導過程・指導方法の解明は、これまで不十分なまま長く放置されてきた。教師によって多様で様々な独自の指導方法があること自体は悪いことではない。しかし、多くの場合は「多様で様々」「独自」というより、経験に基づく勘と思いつきの指導である場合が少なくなかった。指導書に書かれているとおりをなぞっているだけという場合もあるかもしれない。

そういう中で、国語の授業で確かで豊かな言語の能力が育っていくはずがない。「物語が好き」「友達と話し合うことが楽しい」という感想を子どもがもったとしても、それは自分にだんだんと高い言語の能力が身についているという喜びとは少し性質が違う。だから、学年が上がるにつれて国語嫌いが増えてくることになる。「国語の授業はわかっていることを確かめているだけでつまらない」「国語の授業でどういう力がついたのかわからない」「国語の授業を受けても何も変わらない」という感想をもつ子どもが少なくない。

そういう状態を克服するための切り口として、私は「構造よみ―形象よみ―吟味よみ」という三つの指導過程を提案している。それによって、子どもたちに物語・小説を読むための確かで豊かな力を育てていくことを目指した。物語・小説を読むための高い言語の能力を育てるための指導過程である。

三つの指導過程は次のとおりである(注1)。

(1) 構成・構造を読む指導過程——構造よみ
(2) 形象・技法を読む指導過程——形象よみ
(3) 吟味・評価をする指導過程——吟味よみ

はじめに「構造よみ」で作品の構成・構造を読む。次にそれを生かしながら「形象よみ」で各部分の「鍵」となる語や文に着目し、形象や形象相互の関係を読み深めていく。その際に様々な技法（レトリック）や仕掛けに着目する。その延長線上で主題をつかむ。最後にそれらの読みを生かしながら「吟味よみ」で作品を再読し吟味・評価を行う。ここでは書くことの学習も重視する。それぞれの指導過程ごとに、様々な読むための方法を学ばせ習熟させていく。それにより子どもたちに読む力を育てていく。

それら読むための方法は国語科の高次の教科内容であり、二〇一七年・二〇一八年学習指導要領で示された「言葉による見方・考え方」そのものと言える。

本書の第二章以降の教材研究は、この指導過程とそれによって育てる教科内容に沿って提示している。指導過程と教科内容の概要がわかっていると、教材研究も展開しやすくなる。

2 読者が物語・小説を「読む」という行為を三つの要素に分けて学習する

私たちが物語・小説を「読む」という行為の中には、意識・無意識は別として次の三つの要素が同時に存在する。

一つ目は、物語・小説の今まさに読んでいる箇所のその部分の語句や文の形象を読むという要素である。「ごんぎつね」（新美南吉）で「『おれと同じ、ひとりぼっちの兵十か。』こちらの物置の後ろから見ていたごんは、そう思いました。」を読んでいる時、私たちはその時のごんの様子や心の動きをイメージしている。物置やその周りの風景もイメージに入っているかもしれない。

ただし、私たちの「読み」はそれだけではない。私たちはその部分部分の形象を読みつつ、同時にそれまで読んできた形象とのつながり・関係を考えている。これが二つ目の要素である。「『おれと同じ、ひとりぼっちの兵十か。』こちらの物置の後ろから見ていたごんは、そう思いました。」を読んでいる時も、「すぐ前の『ちょっ、あんないたずらをしなけりゃよかった。』とつながっている」「兵十はごんのことを『ぬすっとぎつね』って言ってるけれど、本当は少し違うかもしれない」「これは、導入部の『ひとりぼっちの小ぎつね』という紹介と関係がありそう」など、前に読んだ形象と現在の形象とを関連づけながら読む。また「これは、前に言っていたことと随分違ってきているな」「このあたりから違った動きが出てきている」「前よりテンポが速くなってきた」などという関連づけもある。その先の事件展開を予想するということもある。

これは、つまり文脈を読むということである。作品を読み進むにつれ関連の範囲、文脈の範囲が広がり、だんだんと作品全体が有機的に関係し合うようになる。そして、作品の山場に近づくにしたがって、作品全体の形象の相関、変化、一貫性から作品の主題や思想が見えてくる。そうなってくると、読むことが一層楽しくなる。

また、私たちは形象を読みながら、その都度その都度、その物語・小説に共感したり感想をもったり評価したりしている。これが三つ目の要素である。「この主人公、魅力的！」「この一言が好きだな」「この人物の描き方がうまい」「この人物の台詞はウソっぽい」「この展開、面白くない」などといった感想、共感・違和感、評価である。作品を読み終わった時にも、「考えさせられた」「主人公の意外な生き方に共感できた」「この作品は冗長で読みにくい」「この人物の考え方には共感できない」などと共感をしたり違和感をもったりする。「その部分の形象を読む」「前後・全体とのつながりを考えながら読む」「共感・違和感をもち評価する」といった三つの要素が、実際にはあまり明確には意識されることなく読者の中で同時に現象している。意識的に立ち止まることもある。しかし、意識していなくても三つの要素は、ほぼ同時に読者の読みの過程で展開されている。

右の二つ目の要素の中の特に大きなつながりや全体の有機的関わりを「構成・構造」の指導過程（構造よみ）として位置づけた。そして、一つ目の要素を「形象・技法」の指導過程（形象よみ）として位置づけ、三つ目の要素を「吟味・評価」（吟味よみ）の指導過程として位置づけた。（「形象よみ」でも、構成・構造の読みを生かしながら、つながりや全体の有機的関わりといった文脈の読みとりは行われる。）それぞれの過程で読むための方法を学ばせ習熟させながら、子どもに読む力を育てていく。

右に述べたとおり三つの要素は、実際の読者の読む行為においては同時に進行する。だから授業で三つを同時に学習するという方法も考えられる。しかし、それは既にかなり読む力をもっている一部の子どもには有効かもしれないが、多くの子どもにとっては難しい読みの学習となる。初めに全体の構成・構造をつかみ、そこで作品の組み立てや事件の方向性を俯瞰的に把握する。次にそれを生かしながら鍵となる語や文（重要箇所）に着目し、形象を読み深める。その際に技法・仕掛けにも着目する。また、形象相互の関係を読み、その延長線上で主題をつかむ。そして、最後にそれら構成・構造、形象・技法の読みを生かしながら、吟味・評価の読みを行う――という指導過程の方がより効果的に子どもに読む力を育てることができる。

3 表層のよみ（出会いよみ）と深層のよみ（深めよみ）

実際の授業では右の三つの指導過程の前に、教師の範読（朗読）、子どもの音読、語句の確認などの指導が必要となる。その際に、子どもが作品と幸せな出会いができるようにすることを重視する必要がある。「この物語面白い」「わくわくする」「みんなで読んでみたい」など作品とのよりよい出会いを創り出すのである。

そのためには次のような指導が必要である。

① 作品との出会いの演出（題名への注目、題材への注目、作者への注目など）
② 教師の範読（朗読）
③ 子どもの音読（できれば暗唱するくらいまで繰り返させる）
④ 漢字や語句の確認
⑤ 場面やだいたいのストーリー確認
⑥ 第一次感想（簡単な感想発表でもよいが、短い文章で書くことも効果的である）

これらの指導過程を「表層のよみ」（または「出会いよみ」）と呼ぶ。それに対し「構造よみ―形象よみ―吟味よみ」を「深層のよみ」（または「深めよみ」）と呼ぶ。表層のよみは、子どもの発達段階や作品の難易度によって、どのくらいの時間をかけるかは違ってくる。あまりここに時間をかけ過ぎると、構造よみ、形象よみ、吟味よみへの意欲が弱くなる可能性があるので配慮が必要である。

第2節　構成・構造を読み深めながら作品の全体像を俯瞰する―構造よみ

指導過程の一番目である。「構造よみ」には二つの要素が含まれる。一つ目は「導入部―展開部―山場―終結部」などの大きな組立てに着目する「構成」の読みである。二つ目は事件の最大の節目である山場の「クライマックス」に着目しながら、事件の大きな方向性・つながり・関係性を俯瞰していく「構造」の読みである。構成がわかると、事件の大きな流れが見えてくる。人物紹介などがある導入部の存在もはっきりと意識されてくる。事件が盛り上がる山場もより印象深く見えてくる。そして構造上の「クライマックス」を把握することで、事件展開の方向性やつながり・関係性、伏線などの仕掛けも見えてくる。主題も仮説的に見えてくる。

そして、この構成・構造の把握が、第二読「形象よみ」と第三読「吟味よみ」で大きく生きる。

1　「構成・構造」に着目すれば物語・小説の面白さが浮き上がってくる

構成や構造を特に気にしなくても作品を読むことはできる。読者は各部分を読み進めていきながら、それなりにそれ以前の形象と関係づけながら読んではいる。文脈や作品の流れを読んでいるとも言える。「さっきと気持ちが変わった」「雰囲気が変わってきた」「この後何か起こりそう」などといったようにである。ただし、部分の形象に気を取られ、作品全体との関係づけを十分に行えずに、その作品の面白さに気づけないことがある。そのため「作品がつまらない」と思ってしまう場合もある。作品を「何となく」読むよりは、各部分を作品全体と有機的に関係づけながら読む方が、より豊かにより面白く作品を読むことができる。特に子どもが読む力を身につける際に、それを意識的に行うことの意味は大きい。

より意識的に作品全体の構成や形象相互の大きな関係性を考えながら読むと、それまで気づかなかった作品の面白さや仕掛けが明確に見えてくる。特に変化、発展、繰り返し、対応、伏線、設定、暗示、象徴等に関わる面白さや仕掛けである。それによって作品のものの見方・考え方、人間観、世界観もより見えやすくなる。そういう作品全体の文脈性、方向性、つながり、関係性を、構成的・構造的に読むという要素を指導過程として取り出し、第一読目に「構造よみ」として位置づけた。それは作品全体を俯瞰的に読むということである。

構成・構造を俯瞰的に読むためにはいくつかの方法がある。それらの方法を使って作品の主要な事件とは何か、人物相互の大きな関係の変化がどこにあるか、事件の大きな節目はどこか、人物設定・状況設定が行われている部分はどこか、作品全体を貫く仕掛けは何かなどをとらえることができる。

(1)　構成を読むということ

「構成」から考えていく。物語・小説の構成は作品により様々である。物語・小説はもともと多様で自由な文学の形式・様式である。物語・小説の構成は、説明的文章の「はじめ・なか・おわり」「序論・本論・結び（結論）」のような安定した典型構成とは少し違うと見た方がよい。とは言っても、説明的文章ほどでないにしても、物語・小説にも比較的に共通した構成、つまり一定の典型的な構成があることもまた否定できない。

その一つがたとえば「導入部―展開部―山場―終結部」といった四部構成である。ただし、「終結部」を含まない「導入部―展開部―山場」の三部構成の作品も多い。実際、教科書教材では三部構成をよく目にする。

小説の「典型構成」として次頁の四つの類型を設定することが有効と考える。いずれも「典型構成」である。以下それらについて述べるが、教科書教材では特に「四部構成」と「三部構成A」が中心的な位置を占める。

各部分の境目を次のように名づける。導入部が終わり事件が始まる箇所を「発端」、事件が終わり終結部に入る直前を「結末」、展開部が終わり山場に入る箇所を「山場の始まり」、そして作品全体の始まりが「冒頭」、終わりが「末尾」である。さらに展開部と山場を貫くものとして「事件」を位置づける。

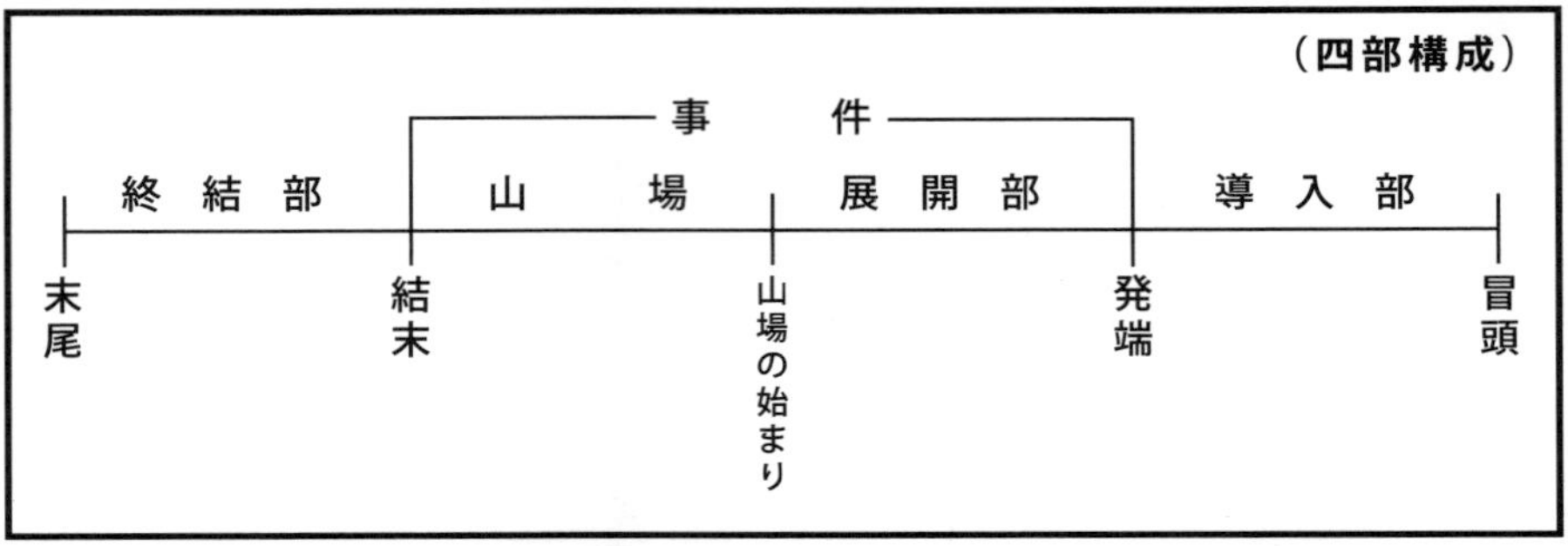
（四部構成）
事　件
終　結　部
山　　場
展　開　部
導　入　部
末尾
結末
山場の始まり
発端
冒頭

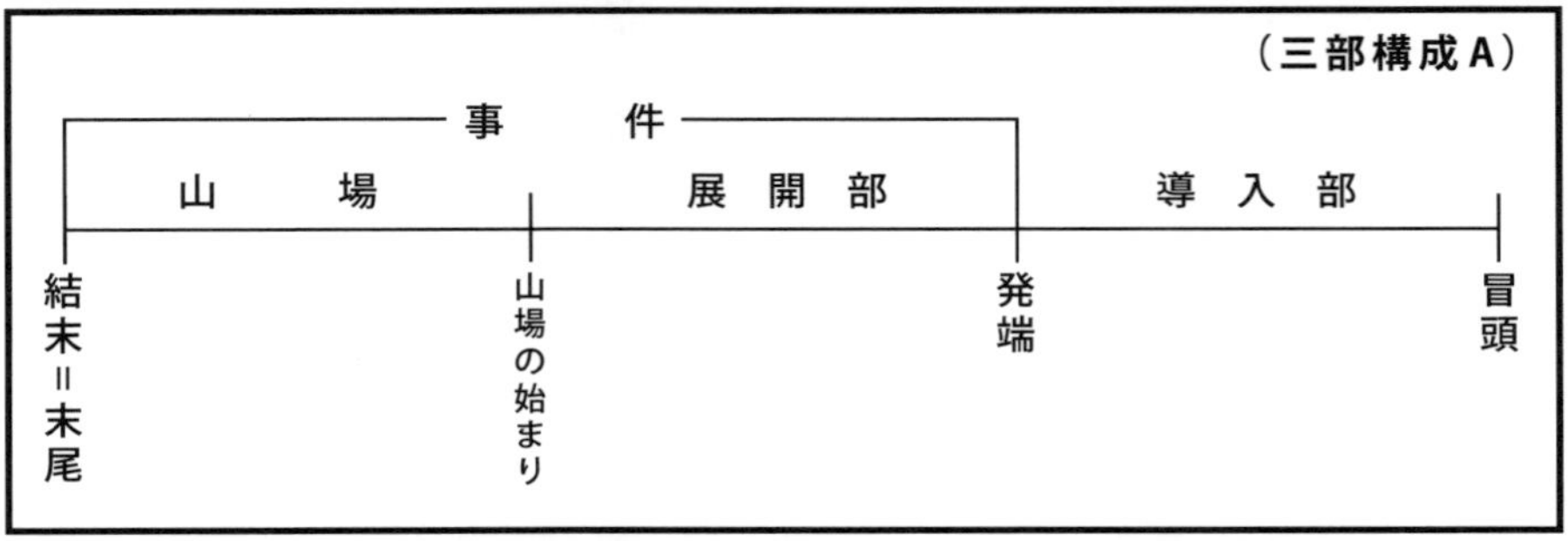
（三部構成A）
事　件
山　　場
展　開　部
導　入　部
結末＝末尾
山場の始まり
発端
冒頭

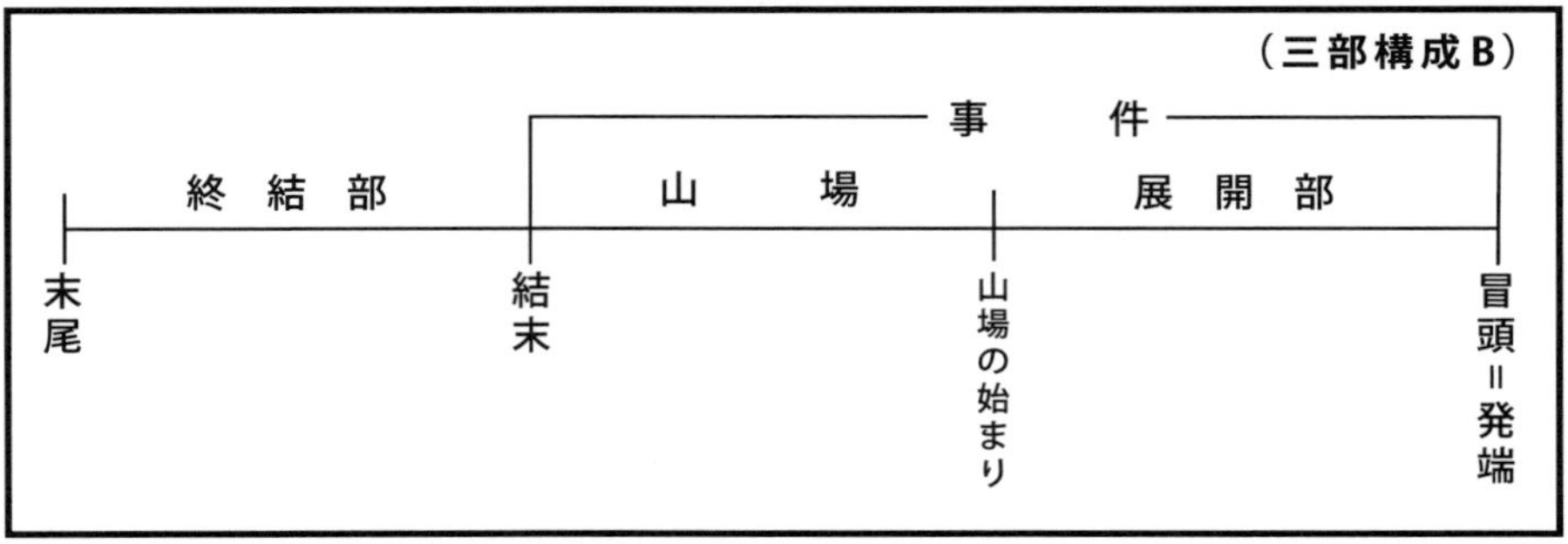
（三部構成B）
事　件
終　結　部
山　　場
展　開　部
末尾
結末
山場の始まり
冒頭＝発端

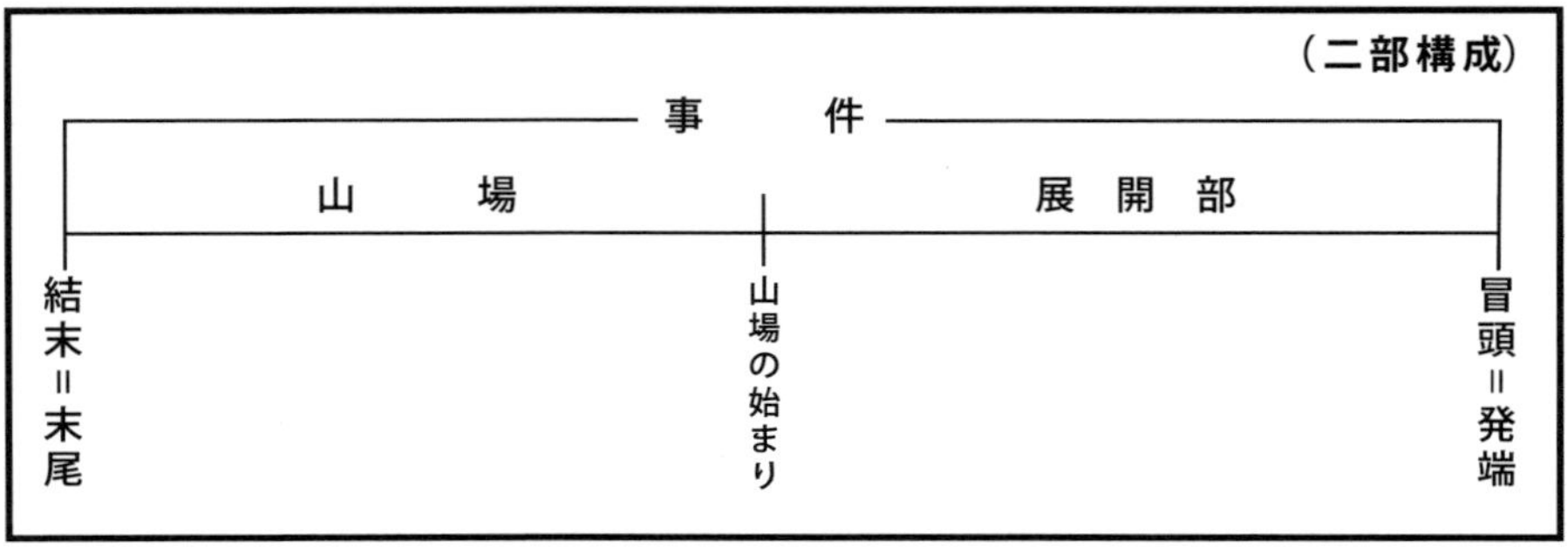
（二部構成）
事　件
山　　場
展　開　部
結末＝末尾
山場の始まり
冒頭＝発端

四つの類型の第一として、まず「四部構成」を挙げる。「導入部―展開部―山場―終結部」である(注2)。「導入部」では、事件が展開し始める前に人物紹介などを行う。その後事件が展開するが、一進一退の展開がある前半を「展開部」、より緊迫感を増し人物相互の関係や人物の見方・行動が大きく変化していく後半を「山場」とする。「展開部」「山場」で人物が行動し事件が発展する。「終結部」では後日譚や語り手の解説等が示される。

まず「導入部」である。「まえばなし」「プロローグ」「状況設定」などとも言う。物語・小説は、人物相互の関係性や人物のものの見方の発展・変化によって「事件」が展開していく。その生き生きとした事件の描写が物語・小説の醍醐味であり楽しみである。しかし、その事件展開の前に、登場人物の紹介や場の設定、時の設定、それまでどういう日常が繰り返されてきたかについての紹介など、これから始まる事件の枠組みが説明的に述べられることが多い。さらには語り手の設定が説明されることもある。それが導入部である。

もし導入部がなければ、読者にはその人物がどういう身の上か、どういう性格かなどは全く知らされない。また、時や場も不明のままである。事件展開に伴って見えてくる部分もあるが、それらが全く知らされていないままでは読者はとまどうし、物語世界に入りにくい。そこで、導入部で人物、時、場、それまでの日常などを紹介する。また、この導入部の人物紹介（設定）などは、その後の事件展開の伏線となっていることが多い。導入部は、そういった仕掛けの部分でもある。

導入部は説明的な書かれ方になっていることが多い。その人物の性格・履歴・日常、事件展開以前に行われている日常的な繰り返しの出来事、経過などをいちいち描写的に語っていたのでは、なかなか肝心の事件に入っていけない。（それでは読者が離れていってしまう。）そこで、できる限りコンパクトにまとめて人物、時、場などを説明的に紹介する。ここで言う「説明的」とは、長い間の出来事や継続的な状態などを短くまとめて述べることである。ただし、導入部でも過去の出来事を描写的に語る「エピソード（挿話）」が位置づけられる場合もある。これからの事件の伏線になる出来事を短く語る。

次に「展開部」と「山場」である。物語・小説では、生き生きと人物が行動し発展していく「事件」の部分が中核となる。とすると「導入部」→「事件」→「終結部」でもよいのだが、事件は人物が動き出し一進一退が繰り返される前半部分と、より緊迫感を増し事件展開のテンポが速くなる後半部分に分けることができる。多くの物語・小説がそういった構成になっており、それらを意識した方が事件のあり方をより立体的にとらえることができる。

前半が「展開部」、後半が「山場」である。山場では、人物相互の関係性や人物の内面の変化・葛藤がより高い密度で描写される。そして主人公がそれまでの葛藤を乗り越え解決を迎えたり、逆に主人公が破局を迎えたりする決定的瞬間であるクライマックスを含む。

そして「終結部」である。「あとばなし」「エピローグ」などとも言う。物語・小説の事件が終わった後の部分で、その後主人公たちがどうなったかという後日譚が紹介されたり、語り手の解説や意味づけが示されたりする。四部構成の作品には、たとえば「モチモチの木」（斎藤隆介）、「一つの花」（今西祐行）、「海の命」（立松和平）、「字のない葉書」（向田邦子）、「故郷」（魯迅）などがある。

四部構成は典型構成として主要なものであるが、それ以外の典型構成もある。その一つが「三部構成」である。物語・小説には「終結部」がないものも少なくない。22頁の「三部構成A」の「導入部―展開部―山場」である。「終結部」は、下手をすると物語・小説の味わいを弱くする危険がある。事件の驚き・喜び・感動・余韻を阻害するおそれがある。山場で作品を終わらせ、その後の人物たちの人生や状況は読者に推測させる。三部構成Aの作品には、たとえば「スイミー」（L＝レオニ）、「わたしはおねえさん」（いしいむつみ）、「ごんぎつね」（新美南吉）、「形」（菊池寛）、「少年の日の思い出」（H・ヘッセ）などがある。

同じ三部構成でも「導入部」がなく「展開部―山場―終結部」の構成もある。22頁の「三部構成B」である。「導入部」なしで、すぐに読者を事件の中に引き込む。そのかわり「導入部」で紹介するような諸設定は事件展開の過程に挿み込んでいく。三部構成Bの作品としては、たとえば「お手紙」（A＝ローベル）、「ちいちゃんのかげおくり」（あまんきみこ）、「初雪のふる日」（安房直子）、「握手」（井上ひさし）などがある。

さらに、「導入部」も「終結部」もなく、「事件」だけで作品を構成する場合もある。「展開部―山場」の「二部構成」である。物語・小説の面白さはリアルタイムの事件の描写にある。描写による事件展開を前面に出し、諸設定は事件展開の間に挿み込む。後日譚や解説もあえて示さない。当然、作品の意味づけや後日譚は、「三部構成A」と同じく読者に想像・創造させることになる。二部構成の作品としては、たとえば「カレーライス」（重松清）、「盆土産」（三浦哲郎）、「走れメロス」（太宰治）などがある。

（２）「発端」に着目し作品の構成を大きくつかむ

「構造よみ」の授業では、導入部から展開部に入る「発端」への着目が学習の中心の一つとなる。発端からいよいよリアルタイムで事件が動き出す。発端に着目することで、作品の「主要な事件」の全体像（大枠）が把握できる。また、作品の構成（組み立て）を大づかみすることができる。導入部・展開部・山場・終結部が、それぞれどの部分か、かなりの程度見えてくる。

発端には多くの作品に共通するいくつかの性質がある。その性質は発端に着目する際の重要な指標となる。

発端への着目の指標の一つが、二人以上の人物同士の関わり合いである。また、発端には、人物（たち）がそれまでに出会ったことのない状況と出会うという要素、つまり「非日常性」の発生という要素がある。

そして、もう一つ重要なのは、書かれ方の変化である。既に述べたが導入部は説明的な書かれ方になっている場合が多い。長い間続いている日常的な習慣や人物のこれまでの履歴や経験、日頃の様子をいちいち丁寧に描写していたら、なかなか肝心の事件に入っていけない。そのため導入部では説明的な紹介・設定が中心となる。それに対し、展開部からはある日ある時の丁寧な描写になる。リアルタイムで事件が動き出す。つまり、発端では「説明的な書かれ方から描写的な書かれ方への変化」が見られる。

展開部・山場のリアルタイムの生き生きとした描写で読者は、自分がまるでその場にいるような臨場感を感じ、わくわくどきどきする。物語・小説の面白さは、その描写にこそある。「描写」とは、その字のとおり「描き」「写す」ことである。「写す」というと平面のイメージだが、むしろ3D画像でそこに本当に人物がいて、話したり笑ったり泣いたりしているような描き方である。

たとえば「スイミー」の「ある日、おそろしいまぐろが、おなかをすかせて、すごいはやさでミサイルみたいにつっこんできた。」は、典型的な発端と言える。

物語・小説の発端の特徴として次の四つが挙げられる。これは発端着目の指標となる。

※「発端」の特徴―着目の指標（これらのいくつかが複合的に重なる）

1　主要な事件がそこから始まる

2　主要な人物同士がそこで出会い関わる

3　人物がこれまでにない状況とそこで出会う、日常とは違ったことがそこから起きる
（日常→非日常）

4　説明的な書かれ方から、描写的な書かれ方に変わる
（長い間の出来事を短くした「まとめ書き」から→ある日ある時の「あるがまま書き」へ）

2「クライマックス」への着目と事件の関係性の発見―構造の読み

「クライマックス」は、最も刺激的な文学装置の一つである。ここからが、「構造」についての読みである。物語・小説は、人物相互が様々に関わり合いながら展開する。また主要人物の内面の葛藤や変容を軸に展開していくこともある。それが「事件」である。人物と戦争など特別な出来事・状況が関わり合う事件もある。これらは一つの作品に同時に存在する場合がある。人物相互の関係の変化に関係して主要な人物の内面が大きく変化するという場合もある。それらの展開・変化の多くは、作品の後半でより激しくなる。そこが「山場」である。そこで意外な結果がもたらされる場合もあれば、ある程度予想された結果がもたらされる場合もある。意外な結果と予想どおりの結果が同時にもたらされる場合もある。

山場の中で関係が決定的となったり関係に意外で決定的な逆転がもたらされたりする部分を「クライマックス」と言う。「構造よみ」の授業では、発端と並んでクライマックスへの着目が学習の中心の一つとなる。クライマックスを意識することで、人物相互の関係性、人物の内面の葛藤、ものの見方・考え方の変化、導入部の設定の意味等の仕掛けなどの事件の構造が見えてくる。伏線がそこに収斂していくことも見える。当然、主題とも深く関わる。だから、クライマックスに着目することで、主題も仮説的に見えてくる。

また、はじめにクライマックスに注目することで、この後の形象よみがより有効に展開できる。展開部・山場で「鍵」となる語や文（重要箇所）がよりとらえやすくなる。物語・小説は、クライマックスに向かって形象や技法が様々に仕掛けられているからである。導入部の設定についても鍵となる語がとらえやすくなる。構成・構造を意識することで、子どもは自力で作品の鍵の部分や仕掛けを発見できるようになる。

クライマックスは、表現の面でも読者にアピールする書かれ方になっていることが多い。事件展開はリアルタイムで生き生きと描写しているのだが、同じ描写でも描写の濃さ（密度）には差がある。比較的軽く流す部分では描写を薄くする（粗くする）。逆に是非読者を立ち止まらせたい部分では、描写の密度を濃くする。作品はそれらを使い分けながら書かれている。だから、クライマックスは特に描写が濃くなる。

たとえば「スイミー」の「みんなが、一ぴきの大きな魚みたいにおよげるようになったとき、スイミーは言った。／『ぼくが、目になろう。』」は、典型的なクライマックスと言える。

物語・小説のクライマックスの特徴として次の三つが挙げられる。これはクライマックス着目の指標となる。

※「クライマックス」の特徴―着目の指標（これらのいくつかが複合的に重なる）

1　事件の流れがそこで決定的となる

大別して「破局↓解決」と「解決↓破局」とがある。

「事件の流れ」には　①人物相互の関係性　②人物の内面の葛藤　③人物と状況との関係―などがある。**また、そこに伏線が収斂していく。**

2　読者により強くアピールする書かれ方になっている

(1)　そのため、描写の密度が特に濃い

(2)　緊迫感・緊張感が高い（ことが多い）（出来事としては一見静かな場合もある）

(3)　技法（レトリック）や表現上の工夫がされている（ことが多い）

3　作品の主題に深く関わる

(1)　導入、展開・山場の「事件の発展」「伏線」「暗示」等がクライマックスに収斂される

(2)　主題に関わり象徴性を強くもつ場合がある

構造よみでは「発端」と「クライマックス」がポイントとなる。「発端」に着目することで「構成」が見えてくる。「導入部」や「主要な事件」が見えてくる。それとの関連で「結末」も見えてくる。その上で「クライマックス」に着目することで「構造」が見えてくる。「事件」がどこに向かい、どのように伏線が仕掛けられているかの大枠が見えてくる。主題も仮説的に見えてくる。

「山場の始まり」はクライマックスに向かい変化する場の始まりである。

22頁の典型構成それぞれにクライマックスを位置づけ、「典型構造」の類型として次頁のように整理した。構造よみにおける四部構造、三部構造、二部構造、また発端やクライマックスの指標などは、いずれも「言葉による見方・考え方」にあたるものであり、国語科の高度な教科内容と言える。

＊

第一読で作品の構成・構造を読むことで、一気に作品の全体像が見えてくる。この後の形象の読み、吟味の読みもより容易となる。構成・構造を第一読で読むことの意味を整理すると次のようになる。

(1) 構成・構造を読むことによって、その作品の「主要な事件」とは何かを大きく把握できる。
(2) 構成・構造を読むことによって、その作品の導入部と事件の部分との区別をつけることができる。また、事件前半の展開部と後半の山場との区別ができる。
(3) クライマックスに着目することによって、「形象よみ」で行う鍵への着目がより容易となる。
(4) 作品の構成上・構造上の仕掛け（錯時法、反復される象徴表現、伏線等）が把握しやすくなる。
(5) 作品の主題（テーマ）が仮説的に把握できる。

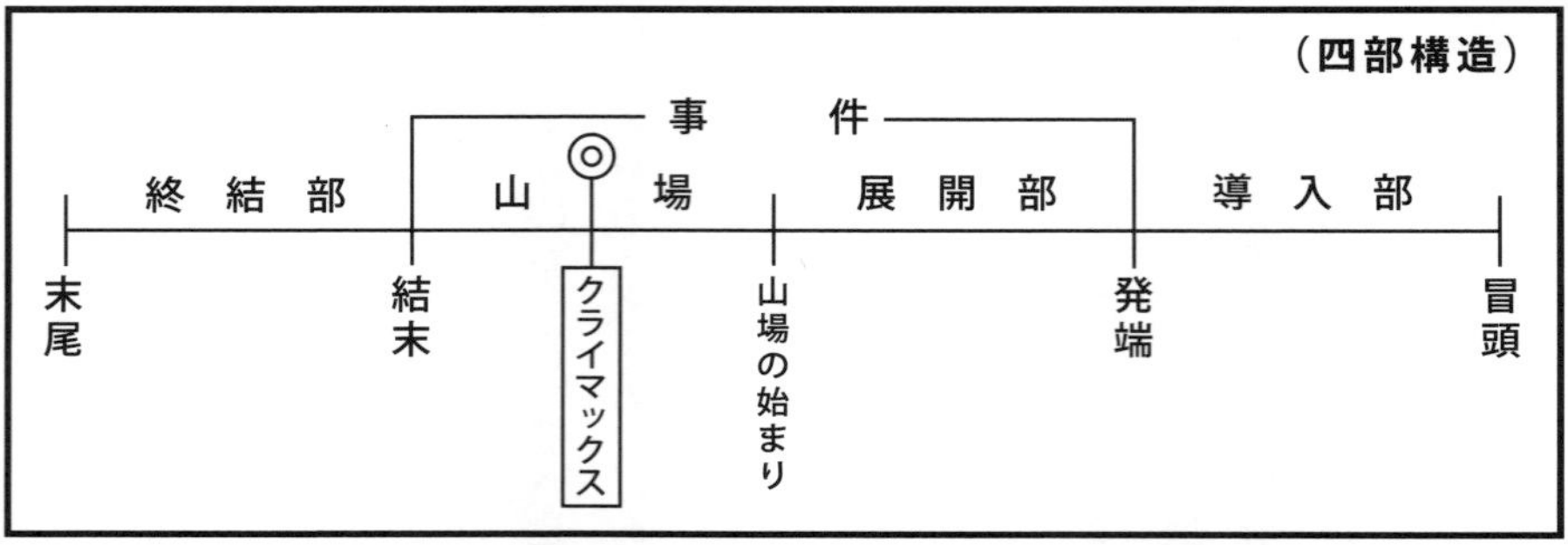

（四部構造）

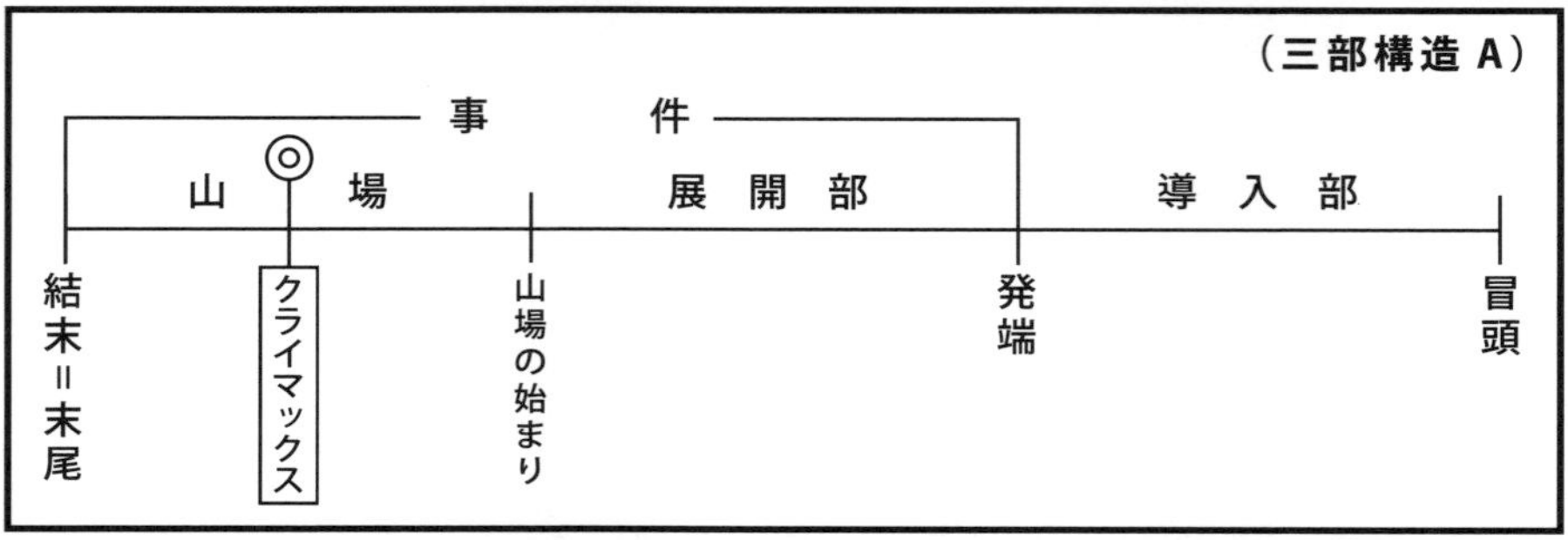

（三部構造 A）

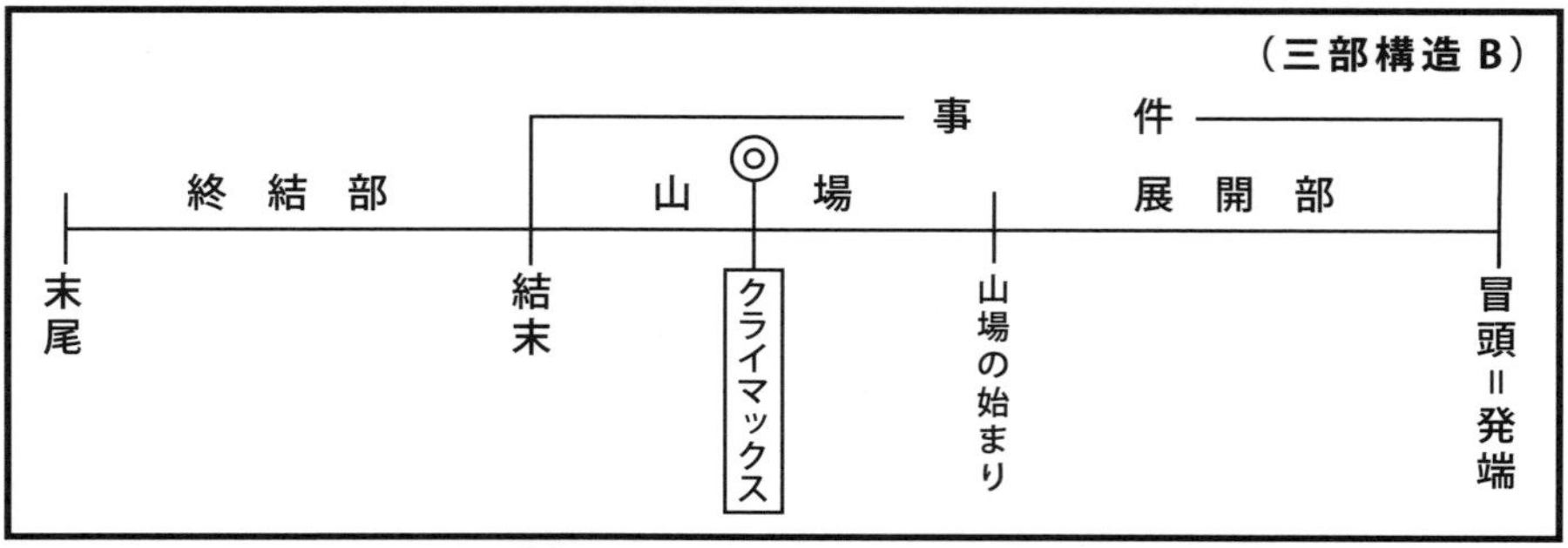

（三部構造 B）

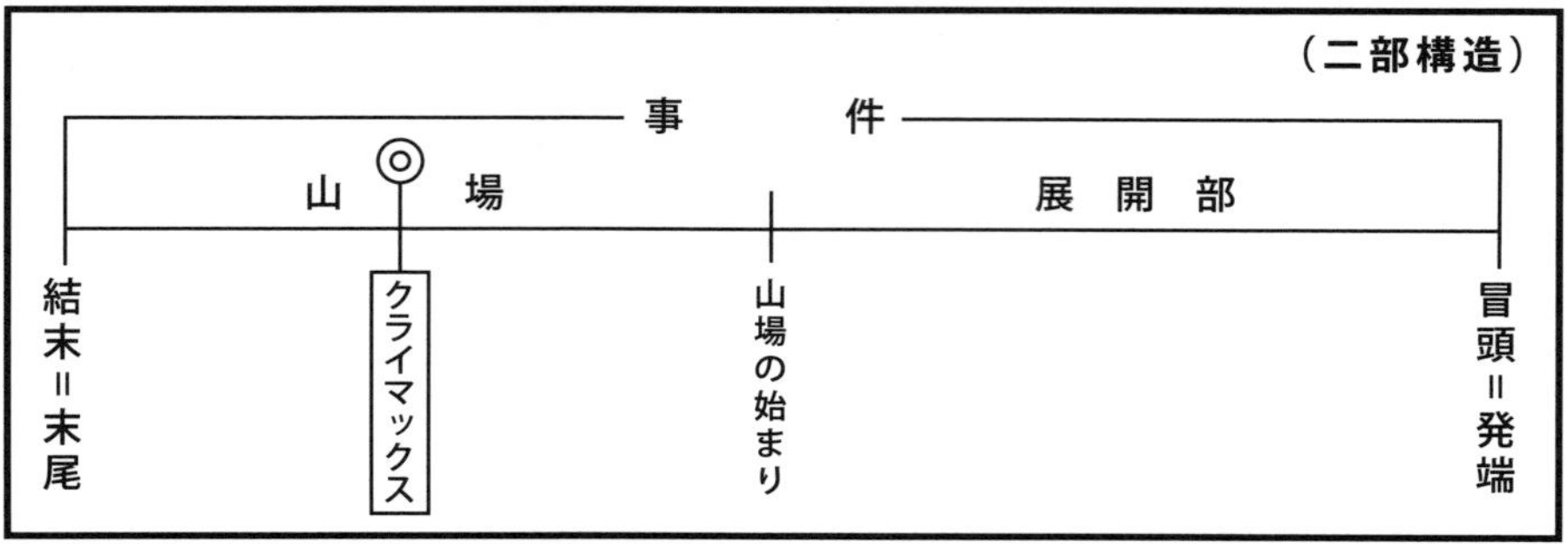

（二部構造）

第3節　作品の鍵に着目し形象・技法を読み深める──形象よみ

指導過程の二番目である。「形象よみ」には二つの要素が含まれる。

一つ目は、第一読の構成・構造の読み（構造よみ）を生かしながら物語・小説の「鍵」となる語や文に着目していく過程である。導入部では人物紹介など「設定」部分に着目し、展開部・山場では「事件の発展」「新しい人物像」が読める部分に着目する。実際には鍵と思われる部分に傍線を引いていく。その際に構造よみで検討した「クライマックス」が重要な手がかりとなる。

二つ目は、取り出した語や文を、内容や表現にこだわりながら読み深めていく過程である。また、前後の形象（文脈）と関わらせながら読み深めてもいく。その際に技法や様々な仕掛けにも注目する。そして、形象の読みを総合しながら最終的に主題を読みとっていく。構造よみで仮説的に予測した主題を確かめていく過程でもある。

1　作品の「鍵」となるところに着目し形象を読む
──形象を読むとは、作品に隠された意味や仕掛けを発見すること

物語・小説を読む時、私たちはそこに書かれている言葉や文の意味を理解し、人物の姿・様子、考え・感情、意味などを想像する（「創造」と言ってもよい）。それらが「形象」である。

そのような形象は、冒頭の一語一文から末尾の一語一文まで、すべての語や文に含まれる。読むということはすべての語や文を読むことである。作品のすべての語や文がそれなりの意味をもちそこに位置づいている。すべてが総体として一つの作品を作り上げている。だから読まなくてもいい語や文があるわけでは決してない。

　ただし、同時に物語・小説には、より強く作品の事件の展開や人物のあり方を担っている部分と、相対的にそうでない部分がある。私たちが物語・小説を読む際には、意識・無意識は別としてそれらの軽重を見分けながら（立ち止まりながら）読み進めているはずである。より強く作品の事件や人物を担っている部分に着目して丁寧に読んでいくと、豊かに楽しく隠れた意味や仕掛けが見えてくる。より重い役割を担う部分を「鍵」と名づける。鍵の部分に着目できること自体が読みの力として重要である。鍵の部分に着目させ傍線を引かせる。その指導過程を「取り出し」または「線引き」と言う。この過程を形象よみの初めに位置づける。

　導入部・展開部・山場・終結部それぞれにより重い役割を担う鍵の部分がある。授業では構成・構造の読みを生かしながら取り出しを行うが、それ自体がまずは重要な学習である。次に示すとおり、取り出しの際に有効な様々な方法（指標）がある。これまでの国語の授業でも実際にはこの取り出しは行われてはいる。ただし、それは教師が取り出し、子どもに提示する場合がほとんどであった。そうではなく、子ども自身が指標を生かして自力で鍵の部分を見つけ出すことこそが大切である。それができること自体が重要な国語の力である。

　そして、取り出しをした上で、その部分の形象を読み深めていく。導入部、展開部・山場、終結部と順番に鍵の部分を中心に読み進めていくが、この過程では、それらの一語一文の形象を読みつつ、同時に常にそれ以前の形象との関係性を読むことが重要である。特に山場のクライマックスの前後からその形象の関係に一定の方向性・傾向性が見えてくる。それが主題につながっていく。その際にも様々な読み深めのための方法がある。

　その過程で第一読の構造よみが生きてくる。特にクライマックスへの着目が生きる。作品のプロットはクライマックスに向かって仕掛けられている場合が強い。導入部の設定も展開部・山場の事件展開も、クライマックスにつながるように仕組まれている場合が多い。だから、クライマックスを意識することで、導入部の鍵の部分、展開部・山場の鍵の部分が自然と見つけやすくなる。また、鍵の部分の読みとりも深くなる。

2 導入部で鍵にどう着目しどう読み深めるか
―導入部で鍵となるのはなんといっても人物

「鍵」として取り出す部分は作品の構成部分によって違ってくる。導入部は事件前の設定を述べる箇所だから人物の設定などが鍵となる。展開部・山場は事件が進行する箇所だから「事件の発展」や「新しい人物像」に関わる部分が鍵となる。

まず導入部からである。導入部は、その後展開されていく事件のための設定や枠組みが提示されることが多い。その設定・枠組みが、後の展開部・山場で大きな意味をもつ。設定・枠組みには、「人物」の設定（紹介）、「時」や「場」の設定がある。これから展開される事件より以前に起こった「先行事件」が示されることもある。さらに「語り手」がどう設定されているかが見えることもある。「語り手」による予告・解説もある。

次の五つが導入部における鍵の取り出しの指標（方法）である。これらは、この後の事件展開やクライマックスにつながっていく。

1　人物
2　時
3　場
4　先行事件

5　語り手（語り手の設定、語り手による予告・解説）

既に述べたように、導入部においてもクライマックスを意識することで取り出しをより効果的に行うことができる。またこれらの部分には、技法や表現上の工夫がされていることがある。それも取り出しの際の指標の一つとなる。実践的には教師が「この導入部から特に重要な人物の紹介を三箇所見つけよう。」「重要な場の設定を二箇所見つけよう。」などと指示を出していくことが有効である。なお、導入部では語句単位で鍵を取り出す方がよい。

この五つが常に導入部に含まれるわけではない。また、仮に五つが読める場合でも、授業で必ずこの五つを取り上げなければいけないわけではない。「人物」は必須としても、それ以外は作品の質、授業のねらい、子どもの学習の到達度により選択していけばよい。「語り手」については小学校上学年頃からの着目でよい。

導入部でまず重要なのは、「人物」設定である。主要人物の性格や癖、外見、得意なこと、職業や家族や人間関係などを紹介する。導入部の人物設定が、展開部や山場で大きな意味をもつ。展開部や山場でも人物像が新たに見えてくるが、導入部の人物は事件が展開する前に示される設定である。「スイミー」の「みんな赤いのに、一ぴきだけは、からす貝よりもまっくろ。」は、導入部の重要な人物設定である。作品によっては「時」や「場」が重要な意味をもつことがある。「先行事件」や「語り手」が重要な意味をもつこともある。

＊

さて、右のようにして取り出した鍵の部分をどう読み深めていくかである。鍵として取り出せたという段階で、既に重要な形象はある程度把握しているとも言える。しかし、それをより意識化しさらに深めていく必要がある。その際には、いくつかの読み深めの下位の指標がある。

まず導入部の「人物」設定を読み深めるための指標である。次の四点がある。

①　**人物の外的な要素**――容姿・背の高さ・体つき・性別・年齢・着ているもの・持ち物・外面的な特徴
　肉体的な力、外的な強さや弱さ・技能など
②　**人物の内的な要素**――性格・癖・教養・思想・知識・言葉遣い・精神状態など
③　**人物の社会的な要素**――職業・地位・知名度・学歴・家族・友人関係、国籍、出身地域など
④　**名前のもつ形象性**

①〜④は相互に関わり合う。ある要素が他の要素に影響したり、二つ以上の要素が響き合ったりすることがある。これらを手がかりとしながら人物設定を丁寧に読み深めていく。（これが、事件が動き出す展開部以降で発展していくことになる。）

次に導入部で着目すべき「時」の読み深めの指標である。次の三点がある。

①　**時代・年代・年**
②　**季節**
③　**一日のうちの時刻**

「場」については、次の三つの指標がある。

①　国・地域
②　建物・間取り
③　位置関係・相互の距離

時も場も、その作品によって、重要度が変わってくる。たとえば「一つの花」では、アジア・太平洋戦争末期の一九四五年という時の設定が大きな意味をもつ。「走れメロス」や「故郷」では、二つの場所の距離が重要な設定となっている。

3　展開部・山場で鍵にどう着目しどう読み深めるか

―展開部・山場で鍵となるのは「事件の発展」と「新しい人物像」

「展開部」から事件が動き始める。そして「山場」で事件が急展開を見せ、「クライマックス」に至り決定的な局面を迎える。展開部・山場で鍵となる部分は、事件がより大きく動く部分、つまり事件が「発展」する部分である。そこに着目し取り出しを行い、形象を読み深めていく。

展開部・山場における鍵の取り出しの指標（方法）は次の二つである(注3)。

1　事件の発展
2　新しい人物像

ただし、より主要な指標（方法）は「事件の発展」である。まずはそこに着目することが重要である。物語・小説を成り立たせている二大要素として「事件」と「人物」が挙げられることがある。確かに物語・小説では人物が様々に関係し合いながら事件が展開していく。事件が展開する中で人物が変容したり、新しい側面（性格）を見せてくれたりするようにもなる。とすると「事件」と「人物」が物語・小説の「取り出し」の着目点ということになる。ただし、「事件」「人物」という二つの指標で鍵となる文に着目し取り出そうとすると、同一の文が同時に選択される場合が少なくない。同じ文から「事件」も「人物」も読めてくることがしばしばある。人物相互が関係し合いながら事件が展開している以上、それは当然とも言える。そうなると、取り出しの指標として「事件」と「人物」の二つを単純に並置することで、学習が混乱する場合がある。

そこで、まずは事件が大きく展開し変化する部分、つまり「事件の発展」部分に着目することを、第一の取り出しの指標として設定する。物語・小説の醍醐味は何と言っても事件展開の面白さにある。ただし「事件の発展」をただ「出来事が進展した」というレベルだけでとらえるのではなく、「人物相互の関係性の変化」や「主要人物の内面的な葛藤」などとしてとらえる必要がある。そのようにして取り出した鍵の部分（文）を読み深めていく際には、関係性の変化のもつ意味や葛藤の進展の意味を読むと同時に、そこから主要人物が新たに見せる性格・側面などにも着目することになる。

こう見てくると、構造よみで注目するクライマックスは、「事件の発展」として作品中で最大のものと言える。ここで事件は決定的な局面を迎える。人物の大きな変容が見られることも多い。クライマックスに向かって様々な仕掛けがされ、事件が展開し発展している。その仕掛け・発展のあり方に気づくことが、物語・小説を読む面白さの一つである。だからクライマックスを意識しながら展開部・山場を読み直すと、作品の鍵の部分、つまり取り出すべき部分が自然と見えてくるのである。作品の仕掛けもより鮮明に見えてくる。導入部の設定もクライマックスと関わる場合が多い。また、鍵の部分には、技法や表現上の工夫がされていることが多い。

たとえば、「ごんぎつね」だと、ごんが兵十の母親のことを考えて「ちょっ、あんないたずらをしなけりゃよかった。」と思う部分は「事件の発展」である。ここでごんの兵十に対する見方の変化が生まれる。それは、「ごんが兵十をどう見ているか」「兵十がごんをどう見ているか」の二要素が核となるこの作品の事件にとって重要な節目である。

物語・小説の「事件の発展」には、次の三つのいずれかが含まれていることが多い。なお、導入部では語句単位で取り出しをしたが、展開部・山場では文単位または複数の文のかたまりで取り出しをしていく。

1　事件の発展
(1)　人物相互の関係性の発展
(2)　人物の内的・外的な発展
(3)　事件の発展と関わる情景描写

作品の事件は人物と人物の関わり合いによって展開している場合が多いのだから、「(1)　人物相互の関係性の発展」は最も典型的な「事件の発展」ということになる。「(2)　人物の内的・外的な発展」を設定したのは、主要な人物が様々に思い悩み、喜び、発見し、怒るなどすること自体が作品の事件を形成している場合がよくあるからである。(1)(2)は同時に生起することがある。「(1)→(2)」という場合、「(2)→(1)」という場合もある。

「(3)　事件の発展に関わる情景描写」は、直接に事件の発展を描いていなくとも、情景描写が「事件の発展」

のもつ意味を象徴していたり暗示していたりという場合がある。これは「事件の発展」を補完する役割である。これらは、いずれも描写がより濃くなっている場合が多い。

＊

展開部・山場では「事件の発展」が第一の鍵の「取り出し」の指標であるが、それに加え「新たな人物像」にも着目する必要がある。多くの場合「事件の発展」で取り出した部分（文）の中で新たな人物像は読めてくるが、作品によっては「事件の発展」とは相対的に独立した形で人物像が示される場合がある。展開部から登場する人物紹介（説明）が事件展開の描写に挿まれることもある。人物の描写が独立して書かれていることもある。そこで取り出しの第二の指標として「新しい人物像」を置く。

2　新しい人物像

「人物」は、a導入部の設定（紹介）として読めるもの、b展開部・山場の「事件の発展」の中で読めるもの、c展開部・山場で「事件の発展」とは相対的に独立して読めるものがある。それらは互いに関わり合う。

たとえば「走れメロス」の展開部に出てくる暴君ディオニスの人物描写は、それ自体は「事件」ではないが、重要な「新しい人物像」である。「その王の顔は蒼白で、眉間のしわは刻み込まれたように深かった。」「暴君は落ち着いてつぶやき、ほっとため息をついた。」などの部分である。

＊

右のようにして取り出した展開部、山場の鍵の部分をどう読み深めていくかである。

「事件の発展」の中の「(1)　人物相互の関係性の発展」については、次のような三つの下位の指標がある。

(1) 人物相互の関係性の発展の三要素
① 人物の相手に対する見方が変わる（冷たい人だと思う、親しみをもつなど）
② 人物相互の結びつき方が変わる（仲良くなったり、距離が生まれたりなど）
③ 人物相互の力関係や社会的関係が変わる（立場・地位が逆転するなど）

たとえば「ごんぎつね」では、「ごんの兵十に対する見方」と「兵十のごんに対する見方の変化」のすれ違いが事件の中心となる。クライマックスも、それが決定的になる部分である。「スイミー」は「スイミーたち小さな魚たち」と「まぐろ」との力関係が大きな意味をもつ。もちろん、クライマックスではそれら両者の力の逆転が大きな意味をもつ。

「事件の発展」の中の「(2) 人物の内面・外的な発展」には、次のような三つの下位の指標がある。

(2) 人物の内的・外的な発展の三要素
① 人物の葛藤・迷い、発見、自己認識・他者認識が変わる（変化や強化が含まれる）
② 性格をはじめとする人物像がはっきり見えてくる（意外と繊細であった・強かったなど）
③ 人物の肉体的・物理的な要素が変わる（背が大きくなる、ある技能が身につくなど）

「(2) 人物の内面・外的な発展」は「(1) 人物相互の関係性の発展」と連動することが多い。二つが相互に関わりながら事件が展開していく。「大造じいさんとガン」（椋鳩十）や「走れメロス」では、それぞれ大造、メロスの見方・認識が発展し変容しながら関係性が発展していく。

右の展開部・山場の鍵の取り出しの指標と読み深めのための指標をまとめると次のようになる。

※展開部・山場の鍵の取り出しの指標（読み深めのための指標を含む）

1　事件の発展

(1)　人物相互の関係性の発展

①　人物の相手に対する見方が変わる（冷たい人だと思う、親しみをもつなど）

②　人物相互の結びつき方が変わる（仲良くなったり、距離が生まれたりなど）

③　人物相互の力関係や社会的関係が変わる（立場・地位が逆転するなど）

(2)　人物の内面・外的な発展

①　人物の葛藤・迷い、発見、自己認識・他者認識が変わる（変化や強化が含まれる）

②　性格をはじめとする人物像がはっきり見えてくる（意外と繊細であった・強かったなど）

③　人物の肉体的・物理的な要素が変わる（背が大きくなる、ある技能が身につくなど）

(3)　事件の発展と関わる情景描写

2　新しい人物像

なお、稿の都合で本書では詳述できないが、比喩、反復、倒置、体言止め、象徴などの技法（レトリック）や様々な仕掛けを意識することで、これらの読みは一層深くなる（注４）。

4 作品の「主題」への総合

導入部→展開部→山場とだんだんと作品の「主題」が見えてくる。ここで言う主題とは、主な題材・題目ということではない。いわゆる「テーマ」のことである。作品の総体から見えてくる「ものの見方・考え方」のことである。作品の「思想」と言い換えてもいい。

主題は、作品を創作した生身の作家が込めた思いではない。作者がどのような思いや思想・考えで、作品を執筆したとしても、作品は作者が創作の際に意識する思い・思想・考えをしばしば裏切ったり超えたりする。それがあるからこそ作品は面白い。作品の読みは、もともと作者のものではなく読者のものである。生身の作家がどう考えようと、そこに書かれている作品の設定や事件展開などを読者が総合して読み、見い出したもの、発見したものが主題である。

主題を考える際には、作品を一つの（思想の）統一体ととらえることが必要である。そのために作品を統括する主体を設定することが有効である。それは今述べたとおり生身の作家ではなく、作品を統括する仮の（虚構としての）主体である。作品の設定や事件展開、情景描写、構成・構造、章立て、記号、語り手、題名などを仕掛けている統括主体を設定する。その主体は「虚構としての作者」「言表主体」「作品主体」などと呼ぶことができる。ただし、授業では仮に「作者」という用語を使ってもよい。子どもたちは「そんなこと言っても作者に聞かないとわからない」「作者がそんなこと考えているかどうかわからない」などと言うことがある。その際には、右のような見方とともに「ここで言う作者は生身の作家ではなく、虚構としての作者なのだ」ということを確認しておく必要がある。

主題は作品に一つだけと考える必要はない。複数の主題が読めることが多い。「中心的主題」「メインテーマ」「副次的主題」「サブテーマ」などという言い方をされることもある。また、読者によって主題のとらえ方に差異があることも当然である。ただし、それは恣意的でアナーキーな読みとは違う。作品の設定や事件展開、情景描写、構成・構造、章立て、記号、語り手、題名などを根拠に読めるものである。その作品発表の際の暗黙の社会的前提などにも留意する必要がある。作品に書かれていなくても、当然の前提として読者がもっているはずの知識や社会文脈などのことである。特にそれは古典の場合に顕在化しやすいが、近代文学・現代文学でも基本的に同様である。

主題は、作品の読みを総合することで見えてくる。構成・構造の読み、導入部の形象、展開部の形象、山場の形象などを読み進めるうちに少しずつ主題は見えてくる。とは言え特に事件の後半の山場あたりからよりそれが顕在化してくる。中でもクライマックスは、より強く主題を顕在化させている場合が多い。だから、授業の指導過程では、特にクライマックスを中心とした山場で主題を意識化させていくことが有効である。

ただし、逆に山場やクライマックスだけに注目して読んでいたのでは一面的なそして狭量な読みに陥る危険がある。クライマックスに至るまでの展開部の事件展開、特に事件の発展部分を中心に振り返り再読する必要もある。導入部の設定にまで振り返ることも必要である。主題が題名と深く関わることもある。題名自体が象徴的意味をもつこともある。そういった場合「題名よみ」がより大きな意味をもつ。

形象よみにおける鍵の語や文に着目するための方法（取り出しの指標）、そして着目し取り出した語や文を読み深めていく方法（読み深めのための指標）は、いずれも「言葉による見方・考え方」にあたるものであり、国語科の高度な教科内容である。

第4節 構造よみ・形象よみを生かし作品を吟味・評価する—吟味よみ

指導過程の三番目である。「吟味よみ」には二つの要素が含まれる。

一つ目は第一読の構成・構造の読み（構造よみ）、第二読の形象・技法の読み（形象よみ）を生かしながら、作品への共感・違和感、好き・嫌い、納得できる・できない、評価できる・できないなどを意識しつつ吟味・評価していくことである。その際に初めは「なんとなく」という状態であったとしても、少しずつ作品の一語一文に根拠を求めるようにしていく。それまでの構造よみ・形象よみの再読が行われることになる。

二つ目は一つ目の検討に基づいて一人一人が「吟味文」を書いていくことである。そして、その吟味文を子どもが相互に交流し、さらに吟味・評価を豊かにしていく。「読むこと」から「書くこと」へ学習が発展していく。

1 物語・小説を「吟味・評価」することの意味

私たちは、物語・小説を読みながら「へえ、面白い」「わかる」「感動した」などと思う。一方で「つまらない」「それはないだろう」「それは違う！」などと思うこともある。作品に共感したり違和感をもったり、納得したり反発したりしながら作品を読んでいる。さらに作品を読み終わるころには「さすがいい作品だ」「心に染みた」「たくさん考えることがあった」「この子どもの描写は見事！」とか、「この作品は本当に名作？」「この終結部の語り手の説明には共感できない」「この結末には納得できない」などと、作品を肯定的に評価したり批判したりすることがある。「この人物には違和感があるが、作品としては好きだ」という評価もある。

こういったことは物語・小説を読む際に大切なことである。喜びや感動、共感が作品を読む動機でもあり喜びでもある。反発、違和感も作品を読む喜びの一部と言えるかもしれない。しかし、この要素は授業では「感想を話す」「書く」「交流する」程度の指導で終わることが多い。（それも作品への共感・感動・肯定的評価を前提とした感想がほとんどである。）それは「感想や感動は個人のもの」「感想や感動を教えることはできない」という「善意」による「配慮」があるからであろう。またそういう指導が難しいということもあるだろう。

こういった要素は、子どもによる差が大きい。子どもによって感じ方や見解が違うことは自然なことである。しかし、質の高い感想・批評がある一方で、明らかに稚拙な感想・批評もある。それを「一人一人のもの」と言って放置しておいていいはずはない。「共感する」「違和感をもつ」「評価する」「批判する」ことを、より丁寧に授業で指導する必要がある。そのために子どもが自力で吟味・評価するための様々な方法（指標）を学ばせていくのである。

これまで国語の授業は、「名作」に共感したり肯定的に評価したりすることが大前提で、それに違和感や否定的感想をもったり批判したりすることは「とんでもない」という見方が強かった。時枝誠記が批判した「惚れさせる国語教育」である(注5)。しかし、作品を読む中で違和感や否定的感想、批判的意見をもつことは自然なことである。また、この部分は好きになれないが作品全体としては好きだ、評価できるなどの読み方もある。それらは創造的に作品を読むことの一部である。それらの要素を「吟味よみ」として位置づけた。ここには共感・違和感、好き・嫌い、納得できる・できない、肯定的に評価する・批判するなどの要素が含まれる。

2　吟味・評価をするための方法

国語の授業では「感想を話す」「感想文を書く」「交流する」という指導で終わることが比較的多いと述べたが、これまで作品を評価させていく試みが全くなかったわけでもない。しかし、そういった指導でも明確な吟味・評価の方法を学ばせるという教科内容的な観点は弱かった。だから、経験的に吟味はできるようになるものの、子どもに主体的な吟味・評価の力を身につけさせるというところにまでは至らない。教師が優れた「問い」を提示することで一定のレベルの吟味・評価は展開されるが、子どもがやがては自ら「問い」を作り自力で吟味できるようになるという観点が弱い。教師の「問い」待ちという側面が拭いきれない。

その陥穽に落ちないために、吟味の方法（指標）を重視する。吟味の方法（指標）を身につけることで、はじめ教師待ちであった子どもが少しずつ自力で吟味・評価できるようになる。その方法（指標）が教科内容である。その方法をより体系的に設定する前提となるべきものが、次の六要素である。

a　作品が面白いか・面白くないか

b　作品や登場人物に共感できるか・共感できないか

c　作品の主題などに納得できるか・納得できないか

d　作品が好きか・嫌いか

e　作品をどう評価するか

f　自分や社会・世界にとって作品がどういう意味をもっているか

右の六要素のうち「a」〜「d」は、そのまま吟味の学習の際の課題や「吟味文」を書く際の課題にもできる。その際に重要なのは「面白い」「面白くない」、「共感できる」「共感できない」、「納得できる」「納得できない」、「好き」「嫌い」などの根拠を、作品の一語一文の中に具体的に求めさせることである。なんとなく面白い・面白くない、なぜか共感できる・違和感を感じる、とにかく好き・嫌いということはある。しかし、授業ではその根拠を作品中から探させ、意識化させていくことが大切である。作品の一語一文にまでこだわらせる。ただし、読みには、作品外文脈も重要な位置を占めるので、文化文脈や社会文脈などへの言及が必要になることもある。自らのものの見方・考え方を述べることも必要である。ただし、その場合も作品の一語一文に戻ることが基本である。

その中で子どもは、自らの読みの過程、読みのあり方を振り返り対象化しながら再読する。再読によって、自らの共感・違和感の正体を意識化し、それらを一層豊かに広げていく。再読によって自分の共感・違和感に疑いを感じ始めることもある。それらが吟味・評価の醍醐味である。教師は、吟味という再読を促すために、作品のどこに着目すべきかを助言する必要がある。そのために、まずは教師が多くの吟味の方法を知っておく必要がある。もちろん、それは少しずつ子どものものとなり、「吟味の方法」として子どもたちに蓄積されていく。最終的には右の「e」「f」にまで吟味を高めていく。

これら六要素を生かす形で吟味よみの「吟味・評価の方法」を整理すると次のようになる。

※吟味・評価の方法

1　語り手に着目して吟味・評価する

(1)　語り手を替えることによる吟味・評価

語り手を別の語り手に替えて読み直し、その差異の比較からオリジナルの語り（方）をとらえ直す。そこには、一人称を三人称に替える、三人称を一人称に替える、同じ三人称でも別の主要人物に寄り添う語り手を設定する。同じ一人称でも別の主要人物を語り手として設定する。――などのとらえ直しがある。

⑵ 語り手と人物との関係を替えることによる吟味・評価

客観的な語り手は存在しない。強さの違いはあるが、すべての語り手は様々なレベルで作品内の人物と心理的・物理的距離をもち評価をしつつ語っている。語り手の人物（人格）を替えて読み直し、それらの距離や主要人物への評価との差異の比較からオリジナルの語り（方）をとらえ直す。様々に語り手の人物像を替えたり、登場人物との距離（見方・評価等）を替えたりする。

2 人物設定と事件展開に着目して吟味・評価する

⑴ 人物設定を替えることによる吟味・評価

別の人物設定の可能性を想定し、それとの差異の比較からオリジナルの設定をとらえ直す。

⑵ 事件展開・人物像の見直しによる吟味・評価

構造の読み、形象の読みを通じて明らかになってきた事件展開・人物像のあり方について評価する。事件展開の必然性・説得力などについての評価である。技法や仕掛けについての評価も含まれる。

⑶ 事件展開を替えることによる吟味・評価

別の事件展開の可能性を想定し、それとの差異の比較からオリジナルの事件展開をとらえ直す。

3 構成・構造、題名に着目して吟味・評価する

⑴ ストーリーは変えずに構成・構造を替えることによる吟味・評価

別の構成・構造を想定し、それとの差異の比較からオリジナルの構成・構造をとらえ直す。たとえば「クライマックス」の箇所を別に想定する、錯時法を通常の時間の構成・構造に替えるなど。

⑵ 題名を替えることによる吟味・評価

別の題名の可能性を想定し、それとの差異・比較から題名の意味・象徴性などをとらえ直す。

4　海外作品の複数翻訳および改稿・異本などの比較により吟味・評価する

翻訳による語り方の違い、作者自身が改稿した場合の違い、古典などの異本の違いを生かす。

5　作品を総括的に吟味・評価する—主題、思想、ものの見方・考え方の総括的な吟味・評価

構造の読み、形象の読み、「語り手」に関わる読みを通じて明らかになってきた作品のものの見方・考え方、主題、思想について総括的に吟味・評価する。その際、作品と自分自身、作品と社会、作品と世界の関係について検討する。現代社会でその作品のもつ意味、歴史的にもつ意味なども含む。

吟味よみにおける「語り手を替えることによる吟味・評価」「ストーリーは変えずに構成・構造を替えることによる吟味・評価」などの方法は、いずれも「言葉による見方・考え方」にあたるものであり、国語科の高度な教科内容と言える。

3　「読むこと」から「書くこと」への吟味・評価の発展

「読むこと」と「書くこと」は常に深く関わる。それは構成・構造の読み（構造よみ）の際も、形象・技法の読み（形象よみ）の際も関わる。「書くこと」の学習によって「読むこと」の学習は深まる。作品の構成・構造の読み、形象・技法の読みを発言という形で表明し、子ども相互に話し合い・意見交換をし討論していくことは重要である。しかし、それは話し言葉のレベルである。それを、子どもと教師で意味づけ板書などのかたちで書き言葉にすることで整理され定着されていく。しかし、より大切なのは、子どもたち自身が「書くこと」の学習により、話し言葉レベルの読みを書き言葉によって整理し発展させていくことである（注6）。

そして、その「書くこと」の学習は、吟味・評価の過程では特に大きな意味をもつ。この過程は、これまでの学習を収斂するものであり、よりメタ的な読みを要求する。自らの作品の吟味・評価を文章として書いていくことを重く位置づける。そして、それを子ども相互に交流し討論し深めていくのである。

実践的には、本格的な吟味文を書かせる授業と、比較的短めの短作文的な吟味文で済ませる場合とがある。子どもたちの学習到達度、発達段階（学年など）、学習内容（教科内容）、教材（単元）によって、様々な形の「書くこと」の学習が展開されることが望ましい。

吟味よみによって子どもたちはより主体的な読者として育っていく。多様な観点から物語・小説を豊かに再読する力がつく。構成・構造を読む力、形象・技法を読む力、吟味・評価をする力をもつ読者は、「厳しい読者」である。「厳しい読者」が多く存在することで、その時代の文学の質・文学創作の質も上がる。子どもたちに質の高い「読む力」がつくことで、日本や世界の文学の在り方にまで変化が出てくる可能性がある。

〈注〉

(1) 大西忠治は、一九八六年に「構造読み」「形象読み」「主題読み」という指導過程を提唱した。大西は、石山脩平、教育科学研究会国語部会等の指導過程を踏まえつつ右の指導過程を提案した。阿部は、特に大西の指導過程を批判的に継承しつつ新たな指導過程を提案している。(2) 形象読み」は、阿部の「形象よみ」と重なる部分はあるものの大きな違いもある。大西は作品の導入部と展開部の読みを「形象読み」と設定し、山場と終結部の読みを「主題読み」と設定した。山場以降に主題が顕在化してくるということでそのようにしたのである。一読目で構造を読み、二読目で導入部・展開部の形象を読み、三読目で山場・終結部の形象と主題を読む。二読目と三読目は一続きの過程である。したがって大西の指導過程は、二読法とも言える。（大西忠治『文学作品の読み方指導』一九八八年、明治図書）

(2) ロラン・バルトは次のように述べる。「テクスト（読み得る）の空間はあらゆる点で楽譜（古典的な）に比較できる。（中略）すなわち、両者とも主題を持ち、それが、提示部、展開部（ディスクールが謎を長引かせるために用いる引延しや曖昧さやおとりによって占められる）、ストレッタ（答主題の断片が次々に現われる緊張した部分）、終結部の順に従うのだ。」バルトの用語では「導入部」は“exposition”である。“exposition”は「説明」「解説」ということである。事件の中心に入る前の「説明」という意味であろう。「展開部」は“divertissement”である。“divertissement”は「おもしろいこと」「楽しみ」の意味である。「事件」が始まると同時に、読者はわくわくしながらそれを楽しむということであろう。「山場」にあたる「ストレッタ」はそのとおり“strette”である。“strette”は、音楽用語でだんだんとテンポが速くなり緊張と興奮を生ずる部分である。「終結部」は“conclusion”である。「結び」「終局」といった意味である。ほぼ私が提案している「導入部・展開部・山場・終結部」に対応する。（ロラン・バルト（沢崎浩平訳）『S／Z』一九七三年、みすず書房【Roland Barthes “S/Z” 1970】）欧文は英訳を紹介した。

(3) 大西忠治は、重要な部分を発見する指標として「人物の行動・性格の展開」「事件の展開」「文体の成立」の三つを並列で挙げていた。前掲書(1)

(4) 技法（レトリック）や仕掛けの詳細については、拙著『国語力をつける物語・小説の「読み」の授業』二〇一五年、明治図書を参照願いたい。

(5) 時枝誠記「国語教育における古典教材の意義について」『国語と国文学』二五の四、一九四八年

(6) ロバート・スコールズは「私が読んでいるテクストへの反応は書くことで完成される。」と述べている。（ロバート・スコールズ（折島正司訳）『テクストの読み方と教え方』一九八七年、岩波書店【Robert Scholes “Textual Power:Literary Theory and the Teaching of English” 1986】）

第二章　「スイミー」（レオ＝レオニ／谷川俊太郎訳）

「スイミー」の事件は、小さな魚が楽しく暮らしているところにまぐろが突っ込んできて、スイミー以外のすべての魚をのみこむところから始まる。そして、スイミーが新しい仲間と一緒に「大きな魚」のふりをしてまぐろを追い出すという物語である。主題が様々な観点から重層的に読める作品である。

「スイミー」は、レオ＝レオニの絵本作品である。「スイミー」は、レオ＝レオニ（一九一〇〜一九九九年）は、オランダ出身のアメリカ合衆国の絵本作家である。「スイミー」は、一九六三年にアメリカ合衆国で絵本として出版された。原文は英文である。日本では、谷川俊太郎の訳で一九六九年に絵本として出版される。

教科書には一九七七年に掲載された。光村図書の小２国語である。その後、学校図書（小２）、東京書籍（小１）も掲載している。絵本と教科書で本文に一部異同がある。作者による絵が絵本でも教科書でも使われているが、教科書では絵本の絵のいくつかが省略されている（注1）。

第１節　「スイミー」の構成・構造―構造よみ

1　発端―小さな魚たちとまぐろ

この作品は導入部―展開部―山場の三部構成である。それを含む作品構造は、57頁のとおりである。

導入部には「小さな魚のきょうだいたちが、たのしくくらしていた。」「みんな赤いのに、一ぴきだけは、からす貝よりもまっくろ。」「名前はスイミー。」など登場人物の紹介や、それまでの日常の説明がある。そして、ある日、おそろしいまぐろが、そこに突っ込んでくるところから事件が始まる。

> ある日、おそろしいまぐろが、おなかをすかせて、すごいはやさでミサイルみたいにつっこんできた。

そして、「一口で、まぐろは、小さな赤い魚たちを、一ぴきのこらずのみこん」でしまう。ここで、小さな魚たちが襲われるというかたちでまぐろと関わり合う。主要な人物同士の関わりであり、主要な事件の始まりである。もちろん、日常から非日常への転換もある。そして、それ以前は毎日繰り返されている先行事件や人物の紹介という説明だが、ここからある日ある時の描写になる。典型的な発端である。

その後、一人ぼっちになったスイミーは、怖く寂しく悲しい時を過ごす。しかし、くらげやいせえび、うなぎやいそぎんちゃくなど海にある「すばらしいもの」を見るうちに「だんだん元気をとりもど」す。

この作品には終結部はない。

「スイミー」の発端の特徴を整理すると次のようになる。

「スイミー」の発端の特徴（着目の指標）

1　スイミーたち小さな魚とまぐろとのせめぎ合いという事件がそこから始まる。**（主要な事件の始まり）**

2　スイミーたち小さな魚とまぐろとが（襲う襲われるという形で）関わる。**（主要な人物同士の関わり）**

3　楽しくくらしていたスイミーたちの日常が破られ非日常的な状況が生まれる。**（非日常）**

4　「くらしていた。」など説明的な書かれ方から「つっこんできた。」など描写的な書かれ方に変わる。**（説明的→描写的）**

2 クライマックス―主題を大きく担う事件の決定的な節目

元気を取り戻してきたスイミーは新たな「小さな魚のきょうだいたち」を見つける。その出会いからが山場である。その後クライマックスを迎える。山場でも特に緊迫した場面が次の部分である。（傍線とAB・阿部）

それから、とつぜん、スイミーはさけんだ。
「そうだ。みんないっしょにおよぐんだ。海でいちばん大きな魚のふりをして。」A
スイミーは教えた。けっして、はなればなれにならないこと。みんな、もちばをまもること。
みんなが、一ぴきの大きな魚みたいにおよげるようになったとき、スイミーは言った。
「ぼくが、目になろう。」B
あさのつめたい水の中を、ひるのかがやく光の中を、みんなはおよぎ、大きな魚をおい出した。

クライマックスの候補として子どもたちから多く出されるのは、A「それから、とつぜん、スイミーはさけんだ。／『そうだ。みんないっしょにおよぐんだ。海でいちばん大きな魚のふりをして。』」とB「みんなが、一ぴきの大きな魚みたいにおよげるようになったとき、スイミーは言った。／『ぼくが、目になろう。』」の二カ所である。これは、いずれも、大きな事件の節目であり、事件の解決に向けての決定的場面であると読めそうである。いずれも読者に強くアピールする。どちらも会話文を含み描写性も高い。緊迫感もある。ともに倒置または倒置的な仕掛けを含む。さらには、いずれもこの作品の主題と深く関わる。（弱い者が力を合わせて強いものに打ち勝つ、スイミーという人物の大きな成長など。）

どちらがクライマックスとしてより適切か。

結論を先に言えば、Ｂ「みんなが、一ぴきの大きな魚みたいにおよげるようになったとき、スイミーは言った。／『ぼくが、目になろう。』」がクライマックスである。

まず何より、大きな魚が完成するのがこの部分である。Ａは重要な事件の節目ではあるが、まだ小さな魚たちはばらばらで、大きな魚は全く完成していない。Ｂは「みんなが、一ぴきの大きな魚みたいにおよげるようになったとき」とある。「一ぴきの大きな魚みたいにおよげるようになったとき」と言っているということは、その前まではまだ大きな魚にはなっていないことを意味する。

また、Ａの直後に「スイミーは教えた。けっして、はなればなれにならないこと。みんな、もちばをまもること。」とある。なぜスイミーは、わざわざ「はなればなれにならないこと」「もちばをまもること」と教えなければならなかったのか。それは、小さな魚たちにとっては、大きな魚になることはおそらくは初めての経験で、なかなかうまくいかなかったからである。うまくいっていないからこそ、スイミーはわざわざ重要な点を助言したのである。大きな魚がまだ完成していないことは、ここからも確かめられる。

さらには、導入部との関係である。導入部には重要な人物設定がある。「みんな赤いのに、一ぴきだけは、からす貝よりもまっくろ。」である。この一文でスイミーが黒いことを何重にも強調している。「形象よみ」のところで再度丁寧に検討するが、黒いことを強調するためにおよそ七つのレトリックや仕掛けがある。ここで黒さを最大限に強調することで、その黒が「ぼくが、目になろう。」というかたちで集団の中で生きることにつながっていく。

「ぼくが、目になろう。」で、大きな魚は完成する。また、スイミーがリーダーとして大きく成長したこともわかる。（他にも大切な変化が読めるが、それは形象よみのところで詳述する。）ここここそが、この作品の決定的な場面であり、最大の見せ場である。

なお、オリジナルの絵本は、ＡからＢまでの部分を三枚の絵を使って描いている。「それから、とつぜん、スイミーはさけんだ。／「そうだ。みんないっしょにおよぐんだ。海でいちばん大きな魚のふりをして。」の絵では、まだ魚たちがバラバラの絵が使われている。オリジナルの英語版も日本語版も同じである（注2）。

ただし、これは、クライマックスの検討の際には示さない方がよい。本文に着目して「やっぱりＢだ。」という結論が出た際に、確認として見せる程度に止めるべきであろう。

「スイミー」のクライマックスの特徴を整理すると次のようになる。

「スイミー」のクライマックスの特徴（着目の指標）

1　スイミーたち小さな魚が大きな魚となり、まぐろを追い出すことになる。つまり、事件の流れがそこで決定的となる。**（事件が決定的）**

2　読者により強くアピールする書かれ方になっている。**（読者へのアピールの強さ）**

(1)「ぼくが、目になろう。」など描写の密度が特に濃い。**（描写の密度の濃さ）**

(2)「〜とき」など緊迫感・緊張感が特に高い。**（緊迫感・緊張感）**

(3)「とき、〜言った。」→「ぼくが、〜」など倒置的効果がある。**（表現上の工夫）**

3　弱い者が協力して大きな敵を克服するという価値、否定的異質性の重要性という価値、人物の大きな成長など主題に大きく関わる。**（主題との深い関わり）**

4　スイミーの黒という一見否定的に見える個性がここで生きる。**（主題との深い関わり）**

事件

導入部　**展開部**　**山場**

冒頭　広い海のどこかに、小さな魚のきょうだいたちが、たのしくくらしていた。――

発端　ある日、おそろしいまぐろが、おなかをすかせて、すごいはやさでミサイルみたいに――

山場の始まり　そのとき、岩かげにスイミーは見つけた、スイミーとそっくりの、小さな魚の――

◎ **クライマックス**　みんなが、一ぴきの大きな魚みたいにおよげるようになったとき、スイミーは言った。／「ぼくが、目になろう。」

結末＝末尾　――ひるのかがやく光の中を、みんなはおよぎ、大きな魚をおい出した。

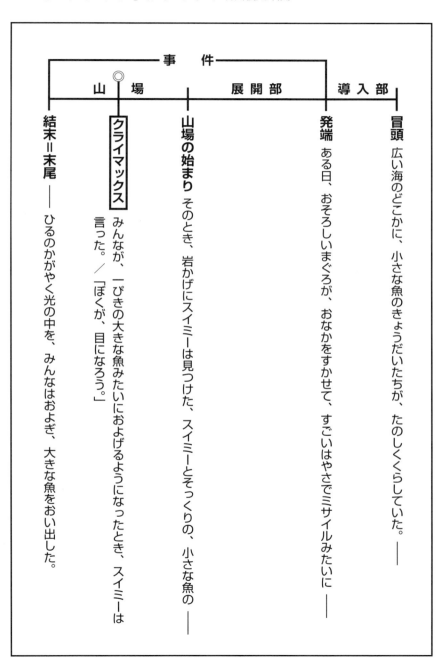

第2節 「スイミー」の形象・技法─形象よみ

1 導入部の形象─スイミーの人物設定

導入部で、事件が始まる前に人物などの設定が示される。この作品では特に次の一文のもつ意味が大きい。

> みんな赤いのに、一ぴきだけは、からす貝よりもまっくろ。

普通なら「スイミーはくろかった。」という紹介で十分である。ここではスイミーの「くろ」を何重にも強調している。丁寧に見ていくと、ここには次の七つの技法・工夫が含まれているがわかる。

a 「まっくろ」という体言止めによる強調
b 「まっくろ」の「真」という接頭語による強調
c 「からす貝より」と「からす貝」と比べてそれ以上という比況による強調（「からす貝」の「からす」はもとは隠喩）
d 「だけ」という限定による強調
e 「みんな」と「一ぴき」という数の対比による強調
f 「赤」と「くろ」という色の対比による強調
g 「のに」という逆接的な意味をもつ助詞による強調

「のに」は逆接というだけでなく、本来であればそうあってほしくない、期待と違うという見方が含まれる。「本当は行きたかったのに」などと使われる。スイミーの「くろ」が異質なものとして、やや否定的に述べられていると読める。そして、この「くろ」の強調がクライマックス「ぼくが、目になろう。」で生きてくる。導入部ではやや否定的に語られていた人物だが、（クライマックス部分で）その否定的な異質性こそが集団を救うというこの作品の主題の一つを生み出していく。

導入部で、もう一つ着目したいのは、次である。

名前はスイミー。

物語や小説では人物の名前が重要な意味をもつ。名前そのものに特徴や性格、出自などが暗示される。「桃太郎」「浦島太郎」「竜の子太郎」などがそれにあたる。「チャーリーブラウン」の「スヌーピー」＝「Snoopy」の「snoop」は、「かぎ回る」「うろつき回る」という動詞であり「おせっかい」「詮索好き」という名詞である。「大造じいさんとガン」の「残雪」「大造」、「走れメロス」の「メロス」「ディオニス」などからも多くのことが読める。

「スイミー」は「Swimmy」であり、「swim」＝「泳ぐ」という動詞を含む。スイミーの泳ぎの上手さを暗示していると読める。実際に「およぐのは、だれよりもはやかった。」とある。名前にスイミーの人物の特徴が内包されているという仕掛けである。二年生でも「スイム」という言葉を意外と知っている。「スイミング」などを想起させてもよい。

2 展開部の形象―スイミーの絶望と回復

展開部で事件が動き出す。ここでも構造よみで着目したクライマックスなどが鍵の部分への着目で生きる。まず着目したいのは、発端の一文である。

> ある日、おそろしいまぐろが、おなかをすかせて、すごいはやさでミサイルみたいにつっこんできた。

ここからは、様々なことが読めるが、ここでは特に直喩表現「ミサイルみたい」を読みたい。技法への着目は形象よみでは重要な要素である。

「ミサイル」によって、まぐろの速さの程度を表現している。ただし、それだけならば「飛行機のように」「鳥のように」などでもよい。「ミサイル」は、殺戮兵器である。それも通常の銃器などとは違い、一度に大量の人命を奪う大量殺戮兵器である。その上、通常の爆弾と違って、誘導装置などにより正確に目標に到達する。逃れることの難しい大量破壊兵器である。また、ミサイルは、鳥や飛行機などに比べることができないくらいのスピードがある。小さな魚たちにとって、それくらい恐ろしく逃げることの極めて難しい対象である。またミサイルは先が尖った円錐形である。まぐろも円錐形に近い。さらにミサイルは無機質な金属である。冷たい無機質感がまぐろの不気味さを強調する。

もう一つの節目は、「こわ」く「さびし」く「かなしかった」スイミーが「元気をとりもど」していく部分である。

にじ色のゼリーのようなくらげ。
水中ブルドーザーみたいないせえび。
見たこともない魚たち。見えない糸でひっぱられている。
ドロップみたいな岩から生えている、こんぶやわかめの林。
うなぎ。かおを見るころには、しっぽをわすれているほど長い。
そして、風にゆれるもも色のやしの木みたいないそぎんちゃく。

まず着目すべきは比喩である。「にじ色のゼリー」「水中ブルドーザー」「見えない糸」「ドロップ」「やしの木」という比喩を使い、くらげ、いせえび、魚たち、こんぶやわかめ、うなぎ、いそぎんちゃくの姿や様子を表現している。これらの対象は、他の比喩を使っても表現できる。たとえば「寒天みたいなへんな色がまざったくらげ。」「赤いよろいをきたみたいないせえび。」「うす赤いモップみたいないそぎんちゃく。」などである。これらオリジナルの直喩・隠喩が独自にもつ形象性、またそれらの傾向性・一貫性を読んでいく必要がある。「ゼリー」「ドロップ」は、子どもが好きなお菓子である。「ブルドーザー」は、いせえびの大きさとすると、おもちゃのブルドーザーである。子どもが好きなおもちゃの一つである。「見えない糸でひっぱられ」同時に動く子ども向けのものと言えば、マリオネットなどの人形劇が思い浮かぶ。これも子どもが好きなものである。「風にゆれるもも色のやしの木」は、楽園のイメージであろうか。うなぎは、「かおを見るころには、しっぽをわすれている」という誇張された冗談、笑い話である。いずれも子どもにとって好きなもの、楽しいものが比喩に使われている。読者を子どもと想定している作品であろうから、その親和性が読める。そう表現しているのは語り手だが、これはこの時のスイミーの見方と重なる。スイミーが、これらを見ているうちにだんだんと元気になってきた。あるいは、だんだんと元気になってきたからこそそう見えたとも読める。

また、「くらげ」「いせえび」「魚たち」「こんぶやわかめの林」「うなぎ」「いそぎんちゃく」は、いずれも体言止めである。ここでは「くらげがいた。」「いせえびが動いていた。」「魚たちが泳いでいた。」などとするのではなく、体言で止めることで通常の文の説明臭さを消している。それにより、まるで絵のように「くらげ」「いせえび」「魚たち」「こんぶやわかめの林」「うなぎ」「いそぎんちゃく」などが、そのまま読者の前に投げ出される。生き生きとした形象が、絵や写真、ビデオ映像のように読者に強く印象づけられる。より描写性を高める絵画的な効果である。もともと「体言止め」の重要な効果の一つにこの「絵画性」がある。

さらに、ここでは体言を六つ並べている。レトリックとしては列挙法である。たたみかけるように六つ並べることで、スイミーの目の前にうれしいものが次々と現出する様子が印象深く描かれる。またリズムも出る。

3 山場の形象―クライマックスを意識しながら主題に総合

山場では事件が決定的局面を迎える。クライマックスに向かって事件が今まで以上に大きく動く。鍵となる部分がより多くなる。その中でも特にクライマックスに強くつながる節目の部分に着目し、主題に総合する。

山場では、まずスイミーが新しい仲間を見つけるところが、鍵の一文である。

> そのとき、岩かげにスイミーは見つけた、スイミーのとそっくりの、小さな魚のきょうだいたちを。

この出会いから、スイミーを含む小さな魚たちの逆転に向けた動きが大きく始まっていく。ここでは、倒置法が使われている。倒置法は述語の位置を変えることで前に出された部分を強調する場合があるが、この一文の倒置は、「見つけた。」を先に言うことで、「いったい何を見つけたの？」という読者の期待効果も生んでいる。この作品では他にも倒置法が多用されているが、それぞれ効果が少しずつ違う。

次に着目すべき鍵の文は、スイミーがまぐろを追い出すためにどうしたらいいか考え続ける部分である。

スイミーはかんがえた。いろいろかんがえた。うんとかんがえた。

これは反復法であり漸層法である。「スイミーは、いっしょうけんめい考えた。」など一文で表現することもできた。しかし、反復法・漸層法により思考の深さ、試行錯誤の様子、時間の長さ、煩悶・苦しみが見えてくる。それが、クレッシェンド的に高まっている。また、それゆえにその直後の「それから、とつぜん、スイミーはさけんだ。」の事件性がより強まる。

（倒置法や反復などを読む際は、普通の表現を対置し、その差異から形象を深めるという方法が有効である。）

クライマックスに至る直前の部分A「それから、とつぜん、スイミーはさけんだ。／『そうだ。みんないっしょにおよぐんだ。海でいちばん大きな魚のふりをして。』」、そしてB「スイミーは、教えた。けっしてはなればなれにならないこと。みんな、もちばをまもること。」に着目する。ともに倒置法である。Aは、この作品の主題につながる「みんないっしょにおよぐ」という重要な要素が含まれる。Bは、小さな魚たちが経験したことのない「大きな魚」作りの難しさが読める。スイミーが「はなればなれにならない」「もちばをまもる」とわざわざ言ったということは、「はなればなれ」になり「もちば」を守れないでいることを示している。

次のクライマックスで事件の流れは決定的となる。

みんなが、一ぴきの大きな魚みたいにおよげるようになったとき、スイミーは言った。
「ぼくが、目になろう。」

「一ぴきのこらずのみこ」まれた小さな魚であるが、小さな魚たちが力をあわせ「もちばをまもり」ながら「大きな魚」になることで、大きく恐ろしいまぐろに勝つことができた。一人一人は小さな力でも、力を合わせることで凶暴で強い相手にも打ち勝つことができる。これが一つ目の主題である。

二つ目の主題はスイミーの成長である。スイミーは、はじめは「逃げ」ていたし「こわかった。」と落ち込んでいた。それが「すばらしいもの」を見るうちに「元気をとりもど」し始める。新しい仲間との出会い直後にも、しりごみする仲間に「なんとか、かんがえなくちゃ。」と呼びかける。そして「スイミーはかんがえた。いろいろかんがえた。うんとかんがえた。」と様々に試行錯誤し苦しみながら考え続け、新しい考えを生み出しリーダーとして提案をする。それだけでなく「けっして、はなればなれにならないこと」「もちばをまもること」とより具体的な指示を出す。そして、とうとう自分だけが黒いことを生かし「ぼくが、目になろう。」と宣言する。一度、絶望した者でも、様々に経験し試行錯誤する中でリーダーとして成長することができる。

また、スイミーは、これ以前は外から指示を出すだけで自分自身は参加していなかった。スイミー自身が「大きな魚」の一部として参加したということも重要な意味をもつ。さらに「目」は、ただ黒いというだけでなく、先を見通す役割をもつ。危険を察知したり、方向を決めたりするための必須のものである。また「目」は「中心」という意味で使われることもある。もちろんここでは本当の目ではないが、スイミーが「目」になること自体が象徴的な意味をもつ。つまりより本物のリーダーになっていくということである。

三つ目の主題である。導入部の人物紹介では、「みんな赤いのに」と述べられていた。「のに」は、「期待と違う」「本来そうでない方がいい」という意味をもつ。「九月だというのに、まだ暑い」「本当は僕も行きたかったのに」などである。「みんな赤いのに、スイミーだけ黒いのはなぜ」といった否定的な意味の異質性がそこで示される。しかし、その異質性こそが、「ぼくが目になろう。」というクライマックスで生きる。一見否定的に見える異質性が集団を救うということである。（また、スイミーは、他の魚たちが「だめだよ。」と言っている中で、「なんとか、かんがえなくちゃ。」と考える。これも異質性の一つと言える。リーダーはある種の異質性があってこそ成立する役割である。）否定的異質性こそが集団を救う。それが三つ目の主題である（注３）。

主題をまとめると次のようになる。

1　一人一人は小さな力でも力を合わせることで凶暴で大きく強い相手にも打ち勝つことができる。

2　怯えたり絶望したり悲嘆にくれたりしながらも試行錯誤する中で（人は）リーダーとして成長していく。

3　一見否定的に見える異質性こそが集団を救う。（集団における異質の重要性）

第3節　「スイミー」の吟味・評価—吟味よみ

1　「スイミー」で好きなところを見つける

低学年の場合、特に「この作品で好きなところ」「この作品の工夫で一番よいと思うところ」「一番感動した場面」などについて、構造よみ、形象よみを振り返りながら見つけ出すことが吟味よみでは有効である。

「一ぴきだけは、からす貝よりもまっくろ。」が、クライマックスで生かされるということの意味、「にじ色のゼリーのような」などの比喩や体言止めの面白さ、度々出てくる倒置法の面白さや効果などを再読し吟味する。挿絵について吟味・評価してもよい。

2 「スイミー」の主題について考える

「スイミー」の主題は複数読める。

鶴田清司は「スイミー」の主題についてのそれまでのとらえ方を「①仲間がみんなで力を合わせること（協力・連帯）の大切さ／②主人公が悲しい体験を乗り越えて集団のリーダーとして変化・成長したことのすばらしさ／③一人ひとりの個性や資質のちがいが仲間全体の力を高めることになること」と三つに整理している(注4)。阿部は、既に述べたとおり、「１　一人一人は小さな力でも、力を合わせることで凶暴で大きく強い相手にも打ち勝つことができる。２　怯えたり絶望したり悲嘆にくれたりしながらも、試行錯誤する中で（人は）リーダーとして成長していく。３　一見否定的に見える異質性こそが集団を救う。」を上げている。鶴田の整理との共通点も多い。

これらは、低学年でもそれなりに理解できるものである。それらの中で「自分はその中のこのテーマが一番好き」「一番大切だと思う」などを考えさせる吟味である。また、自分自身の経験と重ね合わせながら、それらの主題を読み直すという吟味もある。そして、子ども相互でそれを出し合い、意見交換することも効果がある。

3 原文（英文）と谷川俊太郎訳を比較・検討する

谷川俊太郎の訳は、英語原文と照らし合わせてみると、かなりの違いが確認できる。しかし、その違いがむしろ新しい「スイミー」像を創り上げている。翻訳も一つの創作であり、直訳のみが良い訳とは限らない。この谷川俊太郎訳は、日本語に翻訳することで新しい作品として生まれ変わったと言えるほどの意味・意義がある。

たとえば、導入部の次の部分についての原文と谷川訳である（注5）。

They were all red. Only one of them was as black as a mussel shell.

みんな赤いのに、一ぴきだけは、からす貝よりもまっくろ。

かなりの違いがある。

「a mussel shell」は、日本では通常「むらさき貝」と訳すことが多いようである。ただし「カラス貝」という翻訳もある。大きく違うのは、「as black as a mussel shell」の部分である。直訳だと「a mussel shell と同じくらい黒い」である。谷川訳は「からす貝よりも」とからす貝以上に黒いと、より黒を強調している。また「black」を「まっくろ」と「ま」を付け加えさらに黒を強調する。

そして、決定的に違うのは、谷川訳の「みんな赤いのに」の「のに」である。原文では「They were all red. Only one of them was as black as」と、「みんな赤い。みんなの中の一匹だけは」となっているのに対して、谷川は「みんな赤いのに、一匹だけは」としている。「のに」を加えたことで、スイミーの黒の否定的ニュアンスが増幅される。

授業では、たとえば次の二つの差異を検討することで切れ味のある吟味よみの授業となる。

直訳版：みんな赤かった。みんなの中の一ぴきだけは、からす貝のようにくろかった。

谷川版：みんな赤いのに、一ぴきだけは、からす貝よりもまっくろ。

形象よみのところで指摘したように、否定的異質性が最後に集団を救うというこの作品のテーマをより強めている。原文でもそのニュアンスはあるが、谷川訳によってそのテーマ性が鮮やかに際立つ。

上記以外では、たとえばスイミーが大きなまぐろに勝つための方策を考え続ける場面である。

Swimmy thought and thought and thought.

スイミーは　かんがえた。いろいろ　かんがえた。うんと　かんがえた。

「いろいろ」「うんと」が加わっている。「thought and thought and thought」も、同じ音の繰り返しで、長い間考え続けていることが読める。しかし、「いろいろ」「うんと」の方がより具体的な思考の様子が見えてくる。「いろいろ」があることで、スイミーが打開案をたくさん考えていること、試行錯誤していることが見えてくる。難しい課題でなかなか良い案を思いつくことができなかったということである。また「うんと」があることで、長い時間、たくさんの思考をしていることが見えてくる。それらによって、スイミーが、長時間、苦しい試行錯誤をしていたことが推測できるようになる。

その上、谷川は原文の一文を「～考えた。～考えた。～考えた。」と三文にしている。一文で「thought」を三回繰り返すのとはまた違った効果を生み出している。
これについても、たとえば次の二つの差異を検討することで切れ味のある吟味よみの授業となる。

直訳版：スイミーはかんがえて、かんがえて、かんがえた。

谷川版：スイミーはかんがえた。いろいろかんがえた。うんとかんがえた。

こういった差異性を意識することで、谷川訳の独自性が見えてくる。また、翻訳というものの創造性も見えてくる。

4　レオ＝レオニの他の作品と読み比べる

レオ＝レオニは、「スイミー」以外にも「フレデリック」「アレクサンダとぜんまいねずみ」「コーネリアス」「あおくんときいろちゃん」など多くの作品を書いている。「スイミー」と人物像や主題が似ている作品もある。それらを読む機会を作り「スイミー」の人物像や主題と比べさせることも吟味として有効である。
ここでは、三省堂国語教科書2年に掲載されている「フレデリック」と比べてみる。「フレデリック」も、谷川俊太郎の訳である(注6)。
「フレデリック」はねずみである。冬に備えて仲間の野ねずみたちがとうもろこしや小麦などを集め昼も夜も働いているのに、フレデリックだけは働かない。みんなが「どうしてきみは、はたらかないの。」と問うと、フレデリックは、「さむくてくらい冬の日のために、ぼくは、お日さまの光をあつめてるんだ。」と答える。次には「色をあつめてるのさ。冬ははい色だからね。」と答える。さらには、「半分ねむってるみたい」にしていて「ぼくはことばをあつめてるんだ。」と答える。

冬に備えて食べ物を集めておくということは必要なことであり、仲間のねずみたちは当然のことをしている。そういう中で働かないフレデリックは異質である。それも否定的な異質性である。ねずみたちは、それを非難したり、否定的に評価したりしてはいないようであるが、読者から見ると明らかに怠け者と見える。その上「お日さまの光をあつめてる」「色をあつめてる」「ことばをあつめてる」などと、妄想とも思える言い訳・言い逃れを平気でしているようにも見える。

ここで、既にスイミーとの共通点がある。スイミーの黒は、自分から選択したものでないからフレデリックとは同一ではない。しかし、意思があるかないかの差異はあっても、スイミーの黒のもつ否定的異質性とフレデリックの行為の否定的異質性は、人物像として明らかに共通する部分がある。

ねずみたちは、はじめのうちは食べものがたくさんあったのだが、少しずつ減っていき、ほとんど食べるものがなくなる。それだけでなく、「石がきの中はこごえそう、おしゃべりをする気にもなれない。」となってしまう。飢えだけでなく、寒さや精神的な焦燥が訪れる。

そのとき、ねずみたちはフレデリックの言葉を思い出す。「きみがあつめたものは、いったいどうなったんだい、フレデリック。」とたずねると、「目をつむってごらん。」とフレデリックは答える。そして「きみたちにお日さまをあげよう。ほら、かんじるだろ、もえるような金色の光……。」と言う。するとねずみたちは「だんだんあったかくなって」くる。

「色は？　フレデリック。」とねずみたちがたずねると、フレデリックは「もういちど、目をつむって。」と言い、「青いあさがおや、黄色い麦の中の赤いけしや、野いちごのみどりのはっぱのことを話しだす」。するとねずみたちは「心の中に、ぬり絵でもしたように、はっきりといろんな色を見る」。「じゃあ、ことばは？　フレデリック。」とさらにねずみたちがたずねると、「フレデリックは、せきばらいして、ちょっとまってから、ぶたいの上のはいゆうみたいに、しゃべりはじめ」る。「三月に、だれが、こおりをとかすの。／六月に、だれが、四つばのクローバーをそだてるの。」などと、フレデリックは自作の詩を語り始める。十四行に渡る長い詩である。それを聞いたねずみたちは「はく手かっさい」する。「おどろいたなあ、フレデリック。きみって詩人じゃないか。」と評価する。

それにフレデリックは次のように答え、作品は終わる。

> フレデリックは、赤くなっておじぎをした。そして、はずかしそうに言ったのだ。
> 「そういうわけさ。」

物語の前半では、一人働かないですわりこんだり、半分眠っているみたいにしたりして「お日さまの光をあつめてる」「色をあつめてる」「ことばをあつめてる」と言っているフレデリックが、後半で活躍する。それも、一見、否定的に見える異質性が、実は大切な意味をもっていたことがわかる。

スイミーの「みんな赤いのに」という否定的異質性を感じさせる黒が、クライマックス「ぼくが、目になろう。」で集団を救うことにつながることとかなりの程度相似している。作品の主題としても、一見否定的に見える異質性こそが、集団にとって大切であるということで共通してくる。

たとえば「スイミー」を読んだ後に、「フレデリック」を読んで、こういった検討をすることは、吟味よみとして有効である。（もちろん「フレデリック」が先でもよい。）これは、読解の指導を広い意味の読書指導につなげていく指導とも言える。

5 「まぐろ」を吟味する

この作品で、主要人物は「スイミー」であり、それに次ぐのは「小さな魚たち」である。しかし、発端と結末で出てくる「まぐろ」「大きな魚」についてはほとんど注目されない。

この物語は、もちろん本物の生物としての魚と魚の話ではない。人物同士の物語であるとするると、そこには現実の人間と人間、あるいは人間たちと人間たちとの関係性が寓意的に示されていると読んでもいいはずである。人間以外のものが人物として登場する作品は、基本的にそういう読みを内包していると見ることは許される。（ここでは「まぐろ」に絞って検討していく。）

まぐろは、主要人物とは言えないかもしれないが、人物とは読める。言葉も発しないし心内語もない。だから、まぐろを人物とは読まないという立場もあるかもしれない。しかし、スイミーたちと同じ魚である。スイミーたち魚が人物であるならば、まぐろを人物と読んでもよいはずである。

仮にそうだとすると、まぐろをどう読んだらよいか。

まぐろは、スイミーたち小さな魚を一口で飲み込んでしまう恐ろしい存在である。しかし、まぐろたちは遊びで小さな魚たちを食べているわけではない。まぐろにとって、小さな魚たちは生きるための大切な食料である。食べられなくなれば自ら生きていくことはできない。とすると、追い出されたまぐろたちは、この後どうするのかという疑問が生まれる。もちろんスイミーたち小さな魚以外に食べることのできる魚はいる。しかし、そうなると今度はその食べられる魚たちのことをどう考えるべきかという問いが生まれてくる。

それについて、二つの解釈の可能性がある。

第一の解釈である。人間相互の関係の場合、一方が一方を殺さないと生きていけないということはありえない。集団相互の関係でも同じである。だから、ここでのまぐろは、小さな魚たちを殺さなくても、食べなくても生きていけるという暗黙の前提があると考える見方である。本当は小さな魚たちを食べなくても生きられるのに、不当に小さな魚たちを襲っていたという暗黙の前提である。

仮にそうだとすると、スイミーたち小さな魚は、社会的に弱い人間、また弱い立場の集団の寓意と読める。それが力を合わせて大きな魚になって恐ろしいまぐろたちを追い出したということである。

とすると、まぐろはどういう人間、人間の集団、人間存在を寓意しているのか。たとえば、社会的に敵対する人間相互における、より立場の強い者たちであろうか。あるいは、相対的に弱い立場にある社会集団や国に、侵略を仕掛けてくる他の社会集団や他国の人々なのであろうか。あるいは、弱い立場にある民族に、侵略を仕掛けてくる他の民族なのであろうか。様々に考えることができる。

第二の解釈である。本物の生物としてのまぐろは肉食である。だからここでの「まぐろ」も、小さな魚たちを食べないと（つまり殺さないと）生きていけないと見る解釈である。満ち足りているのに、それ以上の欲をもって小さな魚たちを襲ったのではなく、そうしないと自分たちが生きていけない、死滅する存在あるいは集団ということである。

仮にそうだとすると、まぐろを追い払って「めでたし、めでたし」で本当にいいのかという問いも出てくる。小さな魚たちを襲って食べることはしなくなったとしても、別の魚たちを食べるという事態は続くはずである。そうしないと生きていけないのであるから。

おそらく通常は、第一の解釈に収まるのであろう。しかし、第二のような異質な読みが出てきても文学の読みとしては面白い。少なくともそういった吟味をすることで、文学作品を読むという行為をメタ的に考える切り口が得られる可能性がある。

6 「全体主義」批判を吟味する

川村湊は「スイミー」主題に関わって次のように述べる(注7)。

個人としての個性の意義を主張しながらも、全体としての、集団としての「力」を描いたものといえよう。個性あるものが、個性を尊重したまま、集団となることによって、何事かを成し遂げることができる。しかし、そうしたテーマを主張するために、レオ＝レオニは、まるで「判で押した」ような小さな魚たちの集団を描かなければならなかった。

(中略)

レオ＝レオニは、真っ黒なマグロの「大きな魚」の写し絵として、点描の「大きな魚」を幻像として現出させた。しかし、それは原子爆弾のような恐怖の破壊兵器(ミサイル)のような兵器に対して、より有力な、効果的な兵器を「抑止力」として提示するようなものではないか。よしんばそれが、小さな弱者たちの寄り集まりという幻影の「対抗力」であったとしても、それは本当の「対抗力」となることができるだろうか。

川村は「小さな魚たちが集まって形作った『大きな魚』は、『民主主義』であると同時に、『全体主義』の一つの比喩として見ることもできる。」とも述べる。小さな魚たちは実際に「判で押し」てある。スイミー以外の一人一人の個性は描かれていない。

だからと言って、この作品を個の個性を抑圧する「全体主義」の象徴として読むことには賛成できない。小さな魚たちの個性を様々に描いたり、スイミーが「いっしょにおよぐんだ。」と言っても賛同しない小さな魚が出てきて議論をしたりという作品を創作することは可能かもしれない。しかし、それが描かれていないからといって、ただちに「全体主義」の「比喩」として読むことには無理がある。

川村のように読んでいくと、何か一致した行動が出てくる物語・小説でその集団一人ひとりの「個性」が描かれていないと「全体主義」と断罪されることになる。「走れメロス」（太宰治）の山場の終盤でそれまで残虐行為をしてきた王が「わしも仲間に入れてくれまいか。」と言うと、ただちに「どっと群衆の間に、歓声が起こった。／『万歳、王様万歳。』」とある。これも「全体主義」なのだろうか。確かにあまりにも簡単に「王様万歳」と許してしまう群衆のあり方、またおそらく同様に王を許しているであろうメロスやセリヌンティウスのあり方については論議や賛否があっていい。しかし、虚構である物語・小説でそういった描き方をすると「全体主義」と断罪されたのでは、表現が極めて限定されてしまう。

また、自分たちが殺されるという状況の中で力を合わせて対抗しようとするスイミーや小さな魚たちを、「原子爆弾のような恐怖の破壊兵器（ミサイル）のような兵器に対して、より有力な、効果的な兵器を『抑止力』として提示する」ことと読み替え、それを否定するに至っては無理な言いがかりとしか思えない。破壊的な力を一定の力によって防ぐことを、原爆の抑止論と同一視することはできない。小さな魚たちはほんの少し前に「一口で」まぐろにのみこまれたのである。そして、また遭遇すれば同じことが起きることは明白である。それへの対抗策は核抑止論とは話が違う。（その上、小さな魚たちはまぐろを追い出すだけで殺してはいない。）川村が言う「本当の『対抗力』」とは一体何なのか。断罪する前に、そこを検討する必要がある。

〈注〉

（1）本文は、小学校国語教科書『こくご二上』二〇一五年、光村図書による。なお、教科書の分かち書きを通常の書き方に改めて引用した。

（2）谷川俊太郎訳は、レオ＝レオニ、谷川俊太郎訳『スイミー』一九六九年、好学社。オリジナルは、Leo Lionni "Swimmy" 1963, Pantheon Books。

（3）鶴田清司は、「『ぼくが、目になろう。』というせりふは、主人公の『自己認識』の表明である。」と述べる。そして「ぼくは、目になろう。」との差異を示しつつ「目になるのは自分だという『新しい情報』の付加」と述べている。（鶴田清司『「スイミー」の〈解釈〉と〈分析〉』一九九五年、明治図書）

（4）前掲書(3)に同じ。

（5）前掲書(2)に同じ。

（6）「フレデリック」の本文は、小学校国語教科書『小学校のこくご二年』二〇一五年、三省堂による。

（7）川村湊「スイミー、あるいは平面の魚について」田中実他編『文学の力×教材の力・小学校編２年』二〇〇一年、教育出版

第三章　「お手紙」（アーノルド＝ローベル／みきたく訳）

「お手紙」は、お手紙をもらったことがないことを不幸せに思うがまくんに、かえるくんがお手紙を出すところから話が展開していく。そのお手紙にがまくんは感動する。そして、二人でそのお手紙の到着を待つという物語である。その話の中に七つの謎が隠れている。そして、それらの謎が一つの主題につながっていく。

「お手紙」は、アーノルド＝ローベルの作品である。アーノルド＝ローベル（一九三三～一九八七年）は、アメリカ合衆国の絵本作家である。「お手紙」は、一九七〇年にアメリカ合衆国で刊行された単行本の絵本『Frog and Toad Are Friends』の中の一篇である。原文は英語である。この本は、日本では三木卓の訳で一九七二年に『ふたりはともだち』として出版されている。

教科書には一九八〇年に掲載された。光村図書の小２国語である。その後、多くの教科書に掲載され、現在はすべての国語教科書に掲載されている。教育出版は小１でそれ以外は小２。絵本と教科書で本文に一部異同がある。作者による絵が絵本でも教科書でも使われているが、教科書によって絵の一部を省略している（注１）。

第１節　「お手紙」の構成・構造──構造よみ

この作品は展開部─山場─終結部の三部構成である。それを含む作品構造は、83頁のとおりである。

1　冒頭＝発端─導入部のない作品

この作品は、導入部なしにすぐに事件に入る。

冒頭の直後から「どうしたんだい、がまがえるくん。きみ、かなしそうだね。」とかえるくんが、がまくんに話しかける。がまくんは「今、一日のうちのかなしい時なんだ。つまり、お手紙をまつ時間なんだ。そうなると、いつもぼく、とてもふしあわせな気もちになるんだよ。」と答える。お手紙をもらったことがないことを、がまくんが気に病んでいることが事件のきっかけになる。

> がまくんは、げんかんの前にすわっていました。
> かえるくんがやって来て、言いました。
> 「どうしたんだい、がまがえるくん。きみ、かなしそうだね。」
> 「うん、そうなんだ。」
> がまくんが言いました。
> 「今、一日のうちのかなしい時なんだ。つまり、お手紙をまつ時間なんだ。そうなると、いつもぼく、とてもふしあわせな気もちになるんだよ。」

冒頭からある日ある時の出来事になる冒頭＝発端の作品である。始めから会話を含んだ描写になっている。がまくんが、お手紙をもらったことがないことを不幸せに思っていることを知ったかえるくんは、その直後、家に帰り、自分でがまくんに手紙を書いてかたつむりくんに託す。

導入部がなくても展開部の二人の会話の内容や口調から、かえるくんとがまくんの関係性がある程度見えてくる。また、「がまくん」「かえるくん」という呼称からも二人の人物の設定が推測できる。（さらには一冊の本の中の連作ということが、導入部なしでも読者をとまどわせないということにつながっているとも言える。）

がまくんの不幸せ・悩みは、かえるくんも初めて知ったことのようであるし、もちろん読者にとっても意外な始まり方である。冒頭から何かこれまでとは違うことが起こりそうな予感がする。

「お手紙」の発端の特徴を整理すると、次のようになる。

「お手紙」の発端の特徴（着目の指標）

1　がまくんがお手紙をもらったことがないことを不幸せに思うところから事件が始まる。**（主要な事件の始まり）**

2　がまくんがお手紙をもらったことがないことを不幸せに思うという、いつもと違うことが起こっている。**（非日常）**

3　毎回会っているかえるくんとがまくんだが、今回のお手紙をめぐる事件（作品世界）としては、初めてここで関わる。**（主要な人物同士の関わり）**

4　「がまくんは、げんかんの前にすわっていました。／かえるくんがやって来て、言いました。／『どうしたんだい、がまがえるくん。きみ、かなしそうだね。』」と、冒頭からある日ある時の描写となっている。**（冒頭から描写的な書かれ方）**

2　クライマックス―がまくんの大きな喜び

クライマックスは、次の部分である。

「ぼくは、こう書いたんだ。

『親愛なるがまがえるくん。ぼくは、きみがぼくの親友であることを、うれしく思っています。きみの親友、かえる。』」

「ああ。」

がまくんが言いました。

「とてもいいお手紙だ。」


それまでお手紙をもらったことがないことを不幸せに思っていたがまくんが、ここで初めて大きな喜びを感じる。かえるくんが、自分がお手紙を出したことを告げる場面である。また、手紙の文面まですべて告げてしまう。それでもがまくんは最上級の喜びを示す。作品冒頭で「ふしあわせな気もち」になっていたがまくんが、ここで大きく変わる。また、後に詳しく読んでいくとおり、ここでかえるくんとがまくんの二人の関係性が変わる。正確には二人の関係が更新される。いずれにしても、破局から解決に転換するクライマックスである。また、「ああ。」「とてもいいお手紙だ。」という感動が前面に出ている部分である。読者へのアピールの度合いも高い。会話であり、もちろん極めて描写性が高い。それらもクライマックスとしては大切な要素である。さらには、このお手紙そのものが重要な意味をもつ。この少し硬めの形式ばった手紙の文体・文面にも大きな意味がある。その文体・文面が、この作品の主題とも深く関わる。

「『ああ。』／がまくんが言いました。／『とてもいいお手紙だ。』」だけをクライマックスとする見方もあるかもしれない。しかし、お手紙の文面自体に重要な意味がある（題名も「お手紙」である）。様々な仕掛け

（レトリック）もある。この手紙そのものも含めクライマックスとしたい。

「お手紙」のクライマックスの特徴を整理すると次のようになる。

「お手紙」のクライマックスの特徴

1　「ふしあわせな気もち」と強く悲しんでいたがまくんが、「ああ。」「とてもいいお手紙だ。」と大きく喜ぶ。また、ここでかえるくんとがまくんの関係性が更新される。**（事件が決定的）**

2　読者により強くアピールする書かれ方になっている。**（読者へのアピールの強さ）**

(1)　「ああ。」「とてもいいお手紙だ。」など会話文である。また、この手紙の文面が、要約などでなくそのまますべて二重カギ括弧で示されている。会話と同じレベルの密度である。いずれも極めて描写の密度が濃い。**（描写の密度の濃さ）**

(2)　「ああ。」など大きな感情・感動の高まりがある。**（感動の高まり）**

(3)　独特の文体のお手紙自体にレトリック・表現上の工夫がある。「ぼくは、こう書いたんだ。／『親愛なるがまがえるくん。〜』」という順番が倒置的な効果を生んでいる。**（表現上の工夫）**

3　かえるくんとがまくんの関係性の更新こそが、この作品の重要な主題である。それを生み出している中心がこの部分である。また、お手紙というものがもつ意味も主題の一部である。**（主題との深い関わり）**

3　山場の始まりと結末そして終結部

山場の始まりは、このクライマックスに直接つながる場面、つまりかえるくんががまくんの家をたずねるところ「それから、かえるくんは、がまくんの家へもどりました。」である。ここで「きょうは、だれかが、きみにお手紙くれるかもしれないよ。」というかえるくんの呼びかけがある。それにがまくんは、「ばからしいこと、言うなよ。」と返事をする。その後、押し問答の末、とうとうかえるくんはがまくんに自分がお手紙を出したことを告白する。その上、文面まで言ってしまう。そこが、クライマックスである。クライマックスにつながる場面の始まりが、山場の始まりである。

結末は、クライマックスの後、お手紙の到着を玄関に出て二人で待つというところである。「ふたりとも、とてもしあわせな気もちで、そこにすわっていました。」そして、終結部は、その後の「長いことまっていました。」からとなる。その直後も、同じく二人がお手紙を待っているということでは同じだから事件が続いているとも見える。しかし、結末より前の部分は「それから、ふたりは、げんかんに出て、お手紙の来るのをまっていました。／ふたりとも、とてもしあわせな気持ちで、そこにすわっていました。」と、その日の出来事の書き方になっていて事件は動いている。それに対して、その次の「長いことまっていました。」からは、長い日数・時間を説明的・概括的に述べるかたちになっている。ここから終結部と読むのが妥当であろう。

そして、終結部では、「四日たって、かたつむりくんが、がまくんの家につきました。／そして、かえるくんからのお手紙を、がまくんにわたしました。／お手紙をもらって、がまくんは、とてもよろこびました。」となる。ここも主題を支える重要な部分である。中身がわかっている手紙であるにもかかわらず四日間も二人で待っている。明示的に書かれてはいないが、おそらくこの四日間も二人は「しあわせな気もちで」待っているはずである。なぜ、中身のわかっている手紙を四日も幸せな気持ちで待つのか。また、中身がすべてわかっている手紙をもらっただけなのに、なぜがまくんは「とてもよろこ」ぶのか。これらの謎がこの作品の主題につながる。

事件

展開部　／　山場　／　終結部

冒頭＝発端　がまくんは、げんかんの前にすわっていました。——

山場の始まり　それから、かえるくんは、がまくんの家へともどりました。——

◎

クライマックス

「ぼくは、こう書いたんだ。／『親愛なるがまがえるくん。ぼくは、きみがぼくの親友であることを、うれしく思っています。きみの親友、かえる。』」／「ああ。」／がまくんが言いました。／「とてもいいお手紙だ。」

結末——ふたりとも、とてもしあわせな気もちで、そこにすわっていました。

末尾——お手紙をもらって、がまくんは、とてもよろこびました。

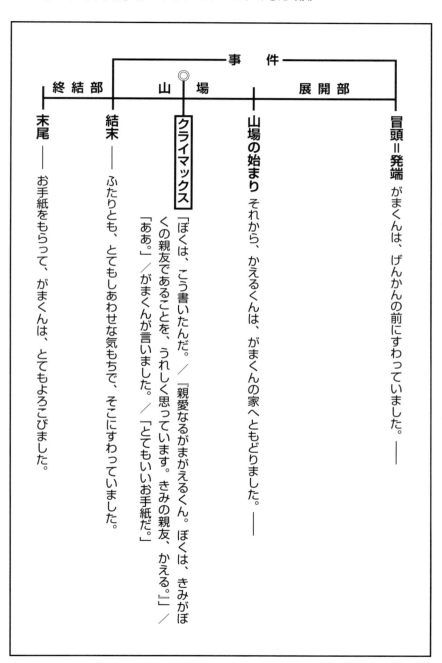

第2節 「お手紙」の形象・技法―形象よみ

1 展開部・前半の謎―かえるくんがいるのになぜがまくんはふしあわせなのか

展開部前半で、がまくんがお手紙を一度ももらったことがないことを強く気に病む様子が丁寧に描かれる。


「今、一日のうちのかなしい時なんだ。つまり、お手紙をまつ時間なんだ。そうなると、いつもぼく、とてもふしあわせな気もちになるんだよ。」

かえるくんがたずねました。

「そりゃ、どういうわけ。」

がまくんが言いました。

「だって、ぼく、お手紙もらったことないんだもの。」

かえるくんがたずねました。

「いちどもかい。」

がまくんが言いました。

「ああ。いちども。」

「だれも、ぼくにお手紙なんかくれたことがないんだ。毎日、ぼくのゆうびんうけは、空っぽさ。お手紙をまっているときがかなしいのは、そのためなのさ。」

ふたりとも、かなしい気分で、げんかんの前にこしを下ろしていました。

「かなしい時」というだけでなく、「ふしあわせな気もちになる」という状態にまで至るのは尋常ではない。それも、今日だけでなく、「一日のうちのかなしい時」が「いつも」と嘆く。事件としては、今日のかえるくんとがまくんの会話から始まるが、実はがまくんの嘆きは、かなり前から生じているらしいことがわかる。少なくとも、ここ最近、がまくんは、お手紙をもらったことがないことを強く気に病み続けていたことが推測できる。

それも、「最近お手紙が来ない」ではない。これまで一度も「お手紙もらったことない」とある。他の人たちは、お手紙を楽しそうにやりとりしている。自分の家にも、他の家と同じように「ゆうびんうけ」はある。しかし、自分には全くその経験がないという強い喪失感であり、劣等感である。

ただし、うれしいことに、それを聞いたかえるくんは、自分のことではないのに、一緒に「かなしい気分で」がまくんと玄関にこしを下ろしてくれる。がまくんは、最高の友だちをもっていることがわかる。

しかし、だとすると、ここで一つ大きな疑問が生まれる。かえるくんのように一緒に「かなしい気分」になってくれる最高の友だちがいるのなら、仮にお手紙など来なくても寂しくないはずではないのか。もっと新しいお友だちがほしいと願うことはあるとしても、かえるくんという最高の友だちがいるのに、「ふしあわせな気もち」にまで至るのはどうしてなのか。

「お手紙」には、七つの謎が含まれている（事件が発展するところに、それらの謎がある）。かえるくんという最高の友だちがいるのに、なぜがまくんは「ふしあわせ」になるのか。それがその七つのうちの第一の謎である。これらの謎は、他の多くの謎とともに、あるキーワードで一気に解けることになる。それがこの作品のクライマックスとも深く関わり主題にもつながる。詳しい謎解きは本節「６」で行う。

2 登場人物「かえるくん」と「がまくん」を読む

この作品では、かえるくんとがまくんという二人の登場人物が出てくる。導入部がないかわりに、この二人が蛙であることや呼称が重要な人物設定の役割を担っている。蛙が人物となっていること、そして「かえるくん」「がまくん」の呼称からどんなことが読めるのか。

まず、「蛙」を人物としていることを読んでいく。蛙は、ほとんど人間に危害を加えることはない。というより、害虫を食べてくれることから、むしろ人間にとっては有益な動物である。日本の「鳥獣人物戯画」でも、蛙が人物として登場する。悪戯もするが、明るい元気な性格で描かれている。かわいらしさを感じる鑑賞者は多いはずである。海外でも人気子ども番組「セサミストリート」でも蛙のカーミットが明るい人物として登場する。蛙は、さほど凶悪な人物として描かれることはないようである。ここでも元気で人の好さそうな「かえるくん」と「がまくん」が登場する。

次に、「かえる」と「がま」を読む。二人とも蛙である。しかし、「かえるくん」は蛙そのものが名前になっているのに、がまくんは蛙でなく「がま（蝦蟇《がま》）」となっている。なぜなのか。おそらく「かえるくん」は、アマガエルなどよく見かける普通の蛙ということなのだろう。悪く言えば特に目立った特徴はない。良く言えば目立った欠点もない普通の蛙ということである。それに対し「がまくん」は、がまがえるだから特徴がある。がまがえるは、ヒキガエルのことで、実際には一〇～一五センチくらいで、四肢が短く、やや大きめでずんぐりした体型の蛙である。暗褐色か黄褐色で大小のいぼがある。敵に合うと耳腺から白い毒液を出す。人間にも有害な毒である。動作は蛙としては緩慢と言える。春に池や沼、水田などに集まってくる。雨蛙のような軽やかさはない。大きさ、いぼ、毒液、緩慢な動作などから、がまがえる（ヒキガエル）は、一般的に否定的なイメージをもたれている。もっと言えば、嫌われものという印象が強い。これは、日本だけのことではない。これが、「がまくん」の人物設定と関わりがないとは言えない。

実際の低学年の授業でそこまで読むと、がまくんを初めから嫌悪したりするなどのおそれがあるので、そこは配慮が必要である。しかし、少なくとも教師としては、文学作品の一つの仕掛けの可能性として、そこまで推察しておく必要はある。

そして、「かえるくん」「がまくん」と「くん」があることにも着目する必要がある。英語版では「Frog」と「Toad」だが、日本語版には「くん」がある。（翻訳文学は原作者と翻訳者の共同創作と考えてよい。だから翻訳のオリジナリティーは重要である。）「くん」は、まずは語り手の二人についての呼称だから、語り手が二人に好意をもっていることが窺える。また、この呼称から二人ともにおそらくは親しみを感じさせるような好人物であることを予想させる。それらによって、物語世界そのものに対して読者は親しみをもつことができる。堅苦しさを感じさせない物語世界である。また、「かえるくん」「がまくん」と相互に呼び合っていることから、二人の関係性の良さも推測できる。「くん」のもつ意味は大きい。

3　展開部・後半の謎─かえるくんはなぜ自分で届けずかたつむりくんに頼んだのか

展開部後半では、かえるくんが家に帰り、がまくんに手紙を書く。ここでは「紙に何か書きました。」とあるだけで、その中身は読者にはわからない。クライマックスまで隠されている。誰からも手紙が来ないなら、自分が書いてあげようというかえるくんのやさしさである。

ただし、ここでも一つの疑問が生まれる。お手紙というのは、普通は遠くに住んでいて会えなかったり、近くに住んでいたとしても、様々な事情からなかなか会えなかったりする人に出すものである。がまくんとかえるくんは、毎日のように会っている。現に今も会っていて、話をしたばかりである。そのかえるくんががまくんにお手紙を出すというのは、あまりにも不自然であり、無理やりという見方もできる。にもかかわらず、かえるくんはがまくんにお手紙を出す。その上、この後の山場でがまくんは、それをとても喜んでくれている。なぜなのか。それが、第二の謎である。

かえるくんは、自分のお手紙を届けてくれるようにかたつむりくんに頼む。


かえるくんは、家からとび出しました。知り合いのかたつむりくんに会いました。

「かたつむりくん。」

かえるくんが言いました。

「おねがいだけど、このお手紙をがまくんの家へもっていって、ゆうびんうけに入れてきてくれないかい。」

「まかせてくれよ。」

かたつむりくんが言いました。

「すぐやるぜ。」


かたつむりくんは、「まかせてくれよ。」「すぐやるぜ。」と快諾してくれる。

ここで二つの疑問が生まれる。一つ目は、なぜかえるくんは、自分でがまくんの家のポストに届けないのかという疑問である。「かえるくんは、大いそぎで家へ帰りました。」というくらいだから、かえるくんの家はそう遠くないはずである。自分で届ければ間違いなく、そして直ちにがまくんに届く。第三の謎である。

二つ目は、自分で届けないとしても、よりによって足の遅いかたつむりくんに、なぜ頼んだのかということである。もちろん家からとび出したところに、ちょうど知り合いのかたつむりくんがいたからということなのだろう。しかし、よりによって足の遅いことで知られているかたつむりくんに頼まなくてもよいのではないかという疑問である。ここではかえるくんは、そこまで考えなかった、考えつかなかったと読めるかもしれない。あるいは、足の遅いことは知っていたが、気にしなかったとも読めなくはない。仮にそうだとしても、この作品の事件展開として、なぜかたつむりくんに届けさせるものにしたのかという疑問は相変わらず残る。この作品シリーズには、ねずみも、とんぼも、へびも、とかげも出てくる。少なくとも、もう少し迅速にお手紙を届けてくれそうな知り合いでもよさそうなはずである。それが、第四の謎である。

4　山場の謎—がまくんはなぜこんなに喜んだのか

山場は、かえるくんががまくんの家に戻り、「きみ、おきてさ、お手紙が来るのを、もうちょっとまってみたらいいと思うな。」と呼びかけるところから始まる。しかし、がまくんは「いやだよ。」とそれを拒否する。ここでは、かえるくんとがまくんのそうしたやり取りが、全部で四回ある。その都度、やり取りに変化があるが、かえるくんの呼びかけがだんだんと強くなり、がまくんの拒否、そしていじけ具合もだんだんと強くなっている。次頁の枠囲みのとおりである。漸層法的な効果が生まれている。

一回目のかえるくんは、まだ控えめな言い方である。「もうちょっとまってみたらいいと思うな。」の「もうちょっと」「思うな」などは一歩引いた感覚である。それが、二回目では少し積極的になる。「ひょっとして、だれかが」と少し具体的になる。（原文でも二回目は「you never know when someone may send you a letter」と「never」を使い口調が強い（注2）。）三回目は「きょうは」と、「だれかが」に加え日付を特定する。そして、四回目では「今、ぼく、お手紙をまっているんだもの。」と断定的になる。「きっと来るよ。」とも言う。

一回目「きみ、おきてさ、お手紙が来るのを、もうちょっとまってみたらいいと思うな。」

←「いやだよ。」／「ぼく、もうまっているの、あきあきしたよ。」

二回目「ひょっとして、だれかが、きみにお手紙をくれるかもしれないだろう。」

←「そんなこと、あるものかい。」／「ぼくにお手紙をくれる人なんて、いるとは思えないよ。」

三回目「でもね、がまくん。」／「きょうは、だれかが、きみにお手紙くれるかもしれないよ。」

←「ばからしいこと、言うなよ。」／「今まで、だれも、お手紙くれなかったんだぜ。きょうだって同じだろうよ。」

四回目（今回は、がまくんの「かえるくん、どうして、きみ、ずっとまどの外を見ているの。」に答え）

「だって、今、ぼく、お手紙をまっているんだもの。」

←「でも、来やしないよ。」

←「きっと来るよ。」

一方のがまくんも、その回ごとに反応が少し違う。少しずつ否定のトーンが強まっている。一回目は「いやだよ。」「あきあきしたよ。」だが、二回目は「そんなこと、あるものかい。」「ぼくにお手紙をくれる人なんて、いるとは思えないよ。」と実現可能性のなさ、絶望的な状況を明言している。三回目になると、「今まで、だれも、お手紙くれなかったんだぜ。きょうだって同じだろうよ。」と、これまでを振り返りつつ、お手紙がもらえないことを強く思う。四回目は、「でも、来やしないよ。」と、ややトーンが戻るが、それはかえるくんの「だって、今、ぼく、お手紙をまっているんだもの。」の勢いに押されてのものと読める。

少しずつかえるくんはお手紙が来る可能性について強い調子、がまくんは逆に来ない可能性について強い調子になってきて、とうとうかえるくんは、「だって、ぼくが、きみにお手紙出したんだもの。」と告白してしまう。我慢ができなくなったのである。がまくんとしては、少なくともそれを楽しみに待っていればよさそうなものだが、手紙の内容を「お手紙に、なんて書いたの。」と、かえるくんに尋ねてしまう。がまくんの知りたい気持ちはわからないではないものの、なんとそれにかえるくんは答えてしまう。

次が、山場のクライマックスを含む部分である。


「だって、ぼくが、きみにお手紙出したんだもの。」

「きみが。」

がまくんが言いました。

「お手紙に、なんて書いたの。」

かえるくんが言いました。

「ぼくは、こう書いたんだ。

『親愛なるがまがえるくん。ぼくは、きみがぼくの親友であることを、うれしく思っています。きみの親友、かえる。』」

「ああ。」

がまくんが言いました。

「とてもいいお手紙だ。」


お手紙を出したこと、またお手紙の中身まで話してしまうというのは、普通なら楽しみを大きく減じることになるかもしれない。しかし、「ふしあわせ」で「かなしい気持ち」だったがまくんは、ここで一気に幸せな気持ちに変わる。典型的な「破局↓解決」のクライマックスである。それは、もちろんかえるくんのがまくんへの優しさによる。温かいうれしい事件展開である。優しさの勝利という主題も見える。

とは言え、この手紙の文面がまず気になる。まず手紙なのに何も新しい情報がない。がまくんが、かえるくんにとって親友であることは既にわかっていることのはずである。このシリーズでもわかるが、この物語の展開部前半からもわかる。がまくんの「ふしあわせな気持ち」に「ふたりとも、かなしい気分で、げんかんの前にこしを下ろしていました。」と、かえるくんも一緒になってかなしい気持ちになっている。それを見ても二人が既に親友であることに間違いはない。「親友であることを、うれしく思ってい」るというのは、当たり前過ぎる。

わかっていることをそのまま書いただけの極めて短い手紙である。にもかかわらず、がまくんは「ああ。」「とてもいいお手紙だ。」と喜び感動している。既にわかっていることを書いただけの手紙なのに、なぜがまくんは、こんなに喜ぶのか。これが、謎の第五である。

謎はまだ続く。この手紙の文体である。「親愛なるがまがえるくん。」「きみの親友、かえる。」といった、手紙の形式どおりになっている。原文でも「Dear Toad」「Your best friend, Frog.」と正式な手紙の形式になっている。それだけ丁寧とも言えるが、一方でよそよそしい形式ばった言い方とも言える。「親友」という言い方も硬い。毎日会っている仲良しの二人、現に今も一緒にいるのだから、「親友」などでなく「仲良し」や「仲良くしている」でもいいはずである。上下関係もないのだし、ここまで親しいのなら、もっと打ち解けた親しさを感じさせる文体でもいいはずである。たとえば次のような手紙の方が自然である。

> 『がまくんへ。ぼくは、きみがいつも仲良くしてくれるので、うれしいよ。かえるより。』

これでもまだ形式的かもしれないが、少なくともこれくらい親しい文体でもいいはずである。なぜ、毎日会っている親しい間柄なのに、こんなにも形式ばった硬い文体の手紙なのか。これが第六の謎である。

さて、それでこのお手紙のお話は終わりかと思いきや、二人は「げんかんに出て、お手紙の来るのをまって」いる。それも「ふたりとも、とてもしあわせな気もちで」すわっている。

これも謎である。差出人も文面もすべてわかっている手紙を、なぜわざわざ待っているのか。来たら受け取るくらいでいいはずではないか。差出人や中身がわからない手紙なら、「誰からの手紙なんだろう」「どんなことが書いてあるんだろう」など楽しみにして待っているということになるだろうが、ここではかえるくんが出したことも、文面もすべて一字一句までわかってしまっている。なぜすべて中身のわかっているお手紙を、二人はわざわざ「げんかんに出て」まで待つのか。第七の謎である。

5 終結部の謎――中身のわかっている手紙をなぜ二人はしあわせに待つのか

終結部は、二人でお手紙を「長いこと、まってい」るところからである。かたつむりくんが届けるのだから、そんなにすぐに届くとは思えない。やはり「四日」もたってからがまくんの家に届く。

> 四日たって、かたつむりくんが、がまくんの家につきました。
> そして、かえるくんからのお手紙を、がまくんにわたしました。
> お手紙をもらって、がまくんは、とてもよろこびました。

この終結部で、クライマックスでのがまくんの喜びは、一層強くなる。かえるくんが四日間も一緒にいてくれたことのうれしさもあるが、何よりお手紙の到着がとても楽しみなのである。そして、予想どおりお手紙が到着するとがまくんは「とてもよろこ」ぶ。

ここでも、さきほどの第七の謎は続く。というより謎は増幅される。せっかくかえるくんがくれたお手紙だから、感謝の気持ちで少し待つというくらいならありうるかもしれない。しかし、差出人も中身もすべてわかった手紙である。それを二人で玄関の前で「しあわせな気もち」で待つ。それも四日間も待ち続ける。直接は書いていないが、直前の「ふたりとも、しあわせな気もちで、そこにすわっていました。」とあるのだから、四日間二人は幸せな気持ちで待っていた可能性が高い。なぜなのか。さきほどの第七の謎は一層深まる。

6 「お手紙」の七つの謎を解読する—主題を読む

これらの謎は、滑稽にも見える。そういう滑稽、ユーモアという程度に読んでおけばいいのかもしれない。しかし、これらの謎をそのレベルでとらえていたのでは、この作品の仕掛け、魅力、主題が見えてこない。

事件の発展に関わる以上の七つの謎を解いていく中で、この作品の面白さ、そして主題が見えてくる。謎に目をつけるということは、言い換えれば不整合な事件展開に着目するということである。「『おかしいな』『変だな』というところに目をつける」ということになる。物語・小説を読む際の重要な方法である。

よく見ると、七つの謎には、ある共通した要素があることがわかる。結論から言えば、すべて「お手紙」というモチーフに深く関わっている。

第三の謎「なぜかえるくんは、自分でお手紙を届けずに、第三者に配達を頼んだのか」、第六の謎「なぜ、かえるくんの手紙は、こんなに形式的なのか」、そして第七の謎「なぜ、差出人も中身もわかっている手紙を、がまくんは（かえるくんも）待ち続けたのか」の三つの謎には、明らかな共通点がある。

第三の謎、かえるくんが自分で届けずに第三者に頼んだことだが、実際の（大人の）社会で手紙は、配達人という第三者が存在する。距離に関わらず自分では届けない。かえるくんはそのかたちを真似て第三者に依頼をしたのである。「手紙」には発信者と受信者の二人だけのコミュニケーションというだけでない側面がある。第三者の手を経ながら様々な手続きや制度を使って届けられるという側面である。それは二人の個人的な関係ではあるものの、それを越えた社会的な制度を使ってのコミュニケーションという意味・側面をもつ。それがここでの手紙の意味である。自分で届けたら、本当の「お手紙」にはならない。

そう見ると、それは、第六の謎「なぜ文体が形式的で堅いのか」とも関わってくる。大人がやりとりする手紙は、電話などに比べ親しい間柄でも最低限の形式を踏むのが通例である。いくら親しくとも、日常的な話し言葉で、あるいは電話のような文体（口調）で手紙を書くことは少ない。「手紙」というものは、直接話をするのとも違う、電話などとも違う、文字言語を介した、そして第三者を介した公的な意味合いをもった少し改まったコミュニケーションの手段である。その間接性や社会性が手紙らしい独自の魅力となっている。そこで日常を超えた異次元の関係性が生まれる。だから、形式的で少々堅いことは是非必要なのである。

第七の謎は、それらと関わらせて考えると解けてくる。差出人も中身もすべてわかっている手紙。それでも、がまくんとかえるくんは四日もしあわせそうに待っている。がまくんにとって、手紙の中身も大事かもしれないが、同時に手紙をもらうということ自体が大きな意味をもっている。第三者によって配達される文字によって書かれた、大人たちがやりとりするような手紙、それをもらうという事実こそがここでは大切なのである。

そう考えてくると、第一の謎「なぜ、がまくんは、かえるくんという最高の友だちがいるのに、あれほどまでに手紙を待っていたのか」の答えも見えてくる。かえるくんという良い友だちがいるにしても、それとは違う、社会的な制度としての「手紙」でやりとりするような関係の友だちがほしかったのである。子どもはある年齢になると、手紙を出したりもらったりすることを喜ぶようになる。家族に手紙を出すこともある。遊び感覚もあるかもしれないが、これは今までとは違う新しい関係性を周囲の友だちや家族などに求めていく欲求でもある。

その線で考えると、第二の謎「毎日会っているかえるくんからの手紙に、なぜがまくんは喜んだのか」も解けてくる。二人は大の仲良しである。しかし、手紙を介してコミュニケーションを取るという間柄ではない。毎日会っていたとしても、「手紙」をやりとりできるような関係性を新たにもつことの喜びがある。それによって、二人の関係性は更新されるとも言える。

第四の謎「かえるくんは、なぜ足の遅いかたつむりくんに配達を頼んだのか」も、その「手紙」の意味を考え合わせると見えてくる。かえるくんが意図的に足の遅いかたつむりくんに依頼したわけではないのかもしれないが、作品の仕掛けとしてはすぐに届くより時間がかかって届いた方が、より手紙らしくなると読める。ポストに投函してから届くまでの時間の差が、また手紙の良さとも言える。メールのように瞬時に届くメッセージとは質が少し違う。手間がかかる分だけ、より丁寧なより丁重なコミュニケーション行為なのである。

残るは、第五の謎、既にわかっていることをそのまま書いただけの手紙を、なぜがまくんは「ああ。」「とてもいいお手紙だ。」とまで喜ぶのかである。ここでかえるくんは「きみが、ぼくの親友であることを」と書き、最後に「きみの親友、かえる」と結んでいる。二人は仲良しでいつも一緒にいるが、二人の関係を「親友」という言葉を互いに使ったり、「親友」という言い方で意味づけたりしたことはこれまでなかった可能性が高い。他の人から見れば、二人はどう見ても明らかに親友である。しかし、自分たちは「親友」という言葉で互いの関係性を確認したことはなかった。（このシリーズでも初めてのことである。）それを、このお手紙で確認し新たに意味づけたのである。言い換えれば、自分たちの関係を「親友」という外言でメタ的に再認知したのである。文中と結びの言葉と「親友」は二度繰り返される。それも、「ぼくの親友」「きみの親友」となっている。「ぼくの親友」はがまくんのこと、「きみの親友」はかえるくん（自分）のことである。

これは、手紙を読んだがまくんにとっても、大切な確認であり意味づけである。が、おそらくは同時にそう書いたかえるくん自身にとっても大切な確認であり意味づけである。二人が自分たちの関係に「親友」を発見した瞬間とも言える。ここでも、二人の関係性の更新という側面が見えてくる。

この作品は、がまくんが「手紙」という（社会の制度）によって結ばれるような、これまでにない新しい人間関係（新しい友だち）を求めようとするものなのである。そして、かえるくんががまくんに手紙を出したことで、かえるくんとがまくんの友だち関係が新しく更新されたということである。その更新性は「お手紙」という媒体と「親友」という言葉によって成し遂げられた。それらは、見事に「お手紙」という題名とシンクロする。それこそが、この作品の中心的な主題である。

第3節　「お手紙」の吟味・評価―吟味よみ

1　七つの謎をもつ魅力的な作品

「お手紙」の七つの謎は、極めて魅力的である。かえるくんという良い友だちがいるにもかかわらずがまくんが「ふしあわせ」と思っているという謎。毎日会っている友だちなのに手紙を出す。それをがまくんも喜ぶという謎。かえるくんが自分で届ければ済む手紙を自分では届けずに第三者に頼むという謎。それもよりによって足の遅いことで有名なかたつむりくんに頼むという謎。「親友」という既にわかっている当然の事実を伝えただけなのにがまくんがとても喜ぶという謎。毎日会っている親しい友だちであるにもかかわらず「親愛なる、がまがえるくん」などと堅苦しい文体でお手紙が書かれているという謎。そして、中身がわかっているお手紙を四日間も二人でしあわせなきもちで待ち続けるという謎。いずれもが魅力的な謎である。

それらは、クライマックスを含む作品構造、事件展開、人物設定、人物の相互関係の発展、人物の変容、伏線、そして主題と深く関わる。そして、それらは最後にすべて題名である「お手紙」につながる。見事な作品の仕掛けである。

その仕掛けを、「謎かけ↓謎解き」というかたちで楽しみながら読んでいくことは、この作品を読む喜びである。クライマックスの仕掛けも見事である。二人の人物像の描き方にも関心する。

2 がまくんの「ふしあわせ」は本当に解決したのか

ただし、別の面から考えてみると、がまくんの「だれも、ぼくにお手紙なんかくれたことがないんだ。」という「かなしい気分」「ふしあわせな気もち」は、まだ完全に解決しているとは言い切れない。

かえるくんによって、お手紙をもらうという経験はできた。かえるくんとがまくんの関係性が更新された。二人の関係性には明らかな変容・前進があり、明るさが見えてきていることは間違いない。とはいえ、がまくんは、かえるくんからお手紙をもらうことを想定していたわけではない。これまでとは違った、毎日会わないかもしれないが、定期的に手紙をやりとりするような友だちがほしい、新しい人間関係を求めたいという願望そのものはまだかなえられていないとも言える。その意味でがまくんの「ふしあわせな気もち」は完全には払拭し切れていないとも読める。そこをどう評価するかについて話し合うのも面白い。

さらには、手紙をもらうためには、まず自分が誰かに手紙を書くということをしないといけないという側面がある。誰かを紹介してもらうか、自分で見つけるかして、その人に手紙を書いてみる。そこから新しい関係性が生まれることがある。あるいは既に知っている友だちに、手紙を書いてみるという方法もある。それをしないで、ただ待って「かなしい気分」「ふしあわせな気持ち」になっているだけでは、事態は動くはずはない。

それを読者（子どもたち）ががまくんに言ってあげてもいい。それは、もちろん読者（子ども）自身の行為に転化させていく可能性もある。この作品を読んで、自分が誰かにお手紙を書くという読み方もあるはずである。その誰かは、いつも会っている人でもいいし、会うことの少ない人でもいい。

3 がまくんの人物設定を授業でどう扱うか

かえるくんとがまくんの人物設定をどうとらえるかも、実践的には難しい課題である。特にがまくんである。既に述べたとおり「がまがえる」つまりヒキガエルは、有毒の粘液を出すこともあり、蛙の中ではあまり人気がない。というより、嫌われる場合がある。この作品では、「がまくん」の人物設定の中にそのことが織り込まれていると読むことが可能である。このシリーズでのがまくんの言動は、どちらかというと気むずかしい。絵本の絵も、がまくんの方がかえるくんよりも太めで背も小さい。それに対して「かえるくん」は、特に気むずかしくもなく、体型も比較的スマートである。

これらに関わる読みは、実際の授業では前面に出す必要はない。ただし、子どもたちからそういった読みが出てきた場合、教師として丁寧に対応する必要がある。

かえるくんが感じないような「ふしあわせ」を感じ悩むようながまくんだからこそ、かえるくんとの新しい関係が構築できたと考えることができる。シリーズの他の物語もそうだが、かえるくんとは違ったがまくんらしい性格が、新しい世界を作り出しているという側面がある。また、挿絵のとおりの太めで背が低いという体型も、それはがまくんの個性で、それはそれで魅力的であると考えることができる。

〈注〉

(1) 本文は、小学校国語教科書『こくご二下』二〇一五年、光村図書による。なお、教科書の分かち書きを通常の書き方に改めて引用した。

(2) Arnold Lobel "Frog and Toad Are Friends" 一九七〇年、Harper Trophy

第四章　「一つの花」（今西祐行）

「一つの花」は、アジア・太平洋戦争の末期が時代設定となっている。これがこの作品では大きな意味をもつ。体のあまり丈夫でないお父さんが召集され出征することになる。それをお母さんと娘のゆみ子が見送りに行くという物語である。題名のとおり「花」が重要な位置を占める。大切なモチーフであり、象徴的な意味をもつ。

「一つの花」は、今西祐行の作品である。今西祐行（一九二三〜二〇〇四年）は、児童文学の作家である。「一つの花」は、一九五三年に雑誌『教育技術小２』に発表され、その後一九五六年に単行本『そらのひつじかい』に収められた。

教科書には一九七四年に掲載された。日本書籍の小４国語である。その後、光村図書、東京書籍、教育出版、学校図書が掲載している(注1)。

第1節　「一つの花」の構成・構造―構造よみ

この作品は導入部―展開部―山場―終結部の四部構成である。それを含む作品構造は、106頁のとおりである。

1　発端―人物と時の設定から出征へ

導入部では、ゆみ子とその父と母の繰り返されている日常が示される。「日常」と言っても、戦争の中で「毎日、てきの飛行機が飛んできて、ばくだんを落としていきました。」という異常な日常ではある。そこに人物像、家族像、時の設定などが書かれている。時の設定はアジア・太平洋戦争末期であり、これはこの後の事件に深く関わってくる。

繰り返されていることは、右の「毎日」からもわかるが、「町は、次々にやかれて、はいになっていきました。」などからも読める。導入部後半のゆみ子を前にした父と母の会話は、ある日ある時の出来事のようにも見える。会話文も入り描写的である。しかし、「そんなとき、お父さんは、きまってゆみ子をめちゃくちゃに高い高いするのでした。」とある。「そんなとき」「きまって」ということは、一度だけのことではなく、そうしたことが何度も繰り返されていたということを意味する。これは、エピソード的に家族の様子を描写しつつ、このようなことが日々繰り返されていたということを述べる説明の一つの形である。

それに対して、お父さんへの兵役召集からは、ある日ある時の出来事に変わる。説明から描写である。

それからまもなく、あまりじょうぶでないゆみ子のお父さんも、戦争に行かなければならない日がやって来ました。

この作品の事件は、お父さんの出征という出来事が発端になっている。可能性は以前からある程度あったとしても、お父さんの出征は、ゆみ子たち家族にとってはそれまでにない大きな事件である。言い換えると、お父さん・ゆみ子たち家族と戦争という状況とが、出征というかたちで深く関わっていくという事件である。だから、この作品の発端は、人物の関わり合いというかたちとは少し違う。

ただし、この後、出征の見送りの中でお父さんとゆみ子、お父さんとお母さんの具体的な関わりが展開される。その意味で、この作品は、お父さん・ゆみ子たち家族と戦争との関わりとしての事件と、お父さん・お母さん・ゆみ子たち家族相互の関わりとしての事件が、重層的に進行するというかたちになっている。

「一つの花」の発端の特徴を整理すると、次のようになる。

「一つの花」の発端の特徴（着目の指標）

1　お父さん・ゆみ子たち家族が、お父さんの出征によって、戦争という状況により深く巻きこまれていく、その始まりである。　**（人物（たち）と大きな時代状況との関わり）**

2　出征するお父さんを見送ることで、お父さん・お母さん・ゆみ子の関わりがここから始まる。　**（主要人物同士の関わり合いとは違うかたち）（主要な事件の始まり）**

3　お父さんの出征という家族にとって初めての出来事が始まる。　**（非日常）**

4　「毎日、てきの飛行機が飛んできて、ばくだんを落としていきました。」「町は、次々にやかれて」など繰り返されていることをまとめて書いている（説明的）。導入部後半も「そんなとき、お父さんは、きまってゆみ子をめちゃくちゃに高い高いするのでした。」と（比較的長い時間）繰り返されている日常をまとめて書いている（説明的）。それに対し、「ゆみ子のお父さんも、戦争に行かなければならない日がやって来ました。」からは、ある日の様子に絞られる。説明的な書かれ方から描写的な書かれ方への変化である。　**（説明的→描写的）**

2　「花」が大きな意味をもつクライマックス

クライマックスは、次の部分である。

「ゆみ。さあ、一つだけあげよう。一つだけのお花、大事にするんだよう――。」

ゆみ子は、お父さんに花をもらうと、キャッキャッと足をばたつかせてよろこびました。


ここがクライマックスだということは、比較的わかりやすい。しかし、その根拠を考えようとすると、それを明確に言語化するのは意外と難しい。

一つ目は、泣き出していたゆみ子が、「足をばたつかせてよろこ」んだことが挙げられる。これも大切な変化ではある。これから出征し二度と会えないかもしれない別れの場面でゆみ子が泣いたままお父さんを送るのか、喜んだ状態で送るのかでは意味が違う。とはいえ、これだけではクライマックスの根拠としては弱い。

二つ目は、二度と会えないであろう最後の別れ際にお父さんがゆみ子に自分の（事実上の）形見として花を一輪贈るという意味で、大きな節目となるということである。（お父さんは、二度とゆみ子たちと会えないことを覚悟している可能性が高い。）お父さんのゆみ子や家族への強い思い・愛が、この一輪の花に託されているということである。それもコスモスの花という可憐で美しいものを贈る。花には、可憐や美しさだけでなく、優しさや柔らかさもある。お父さんのゆみ子への愛が大きく前面に出ているということである。

三つ目は、ここで「一つだけ」の意味が、それまでと比べ百八十度転換している。冒頭の「一つだけ」を含め導入部の「一つだけ」、見送りに来る途中のゆみ子の「一つだけ」は、いずれも本当はたくさんほしいが、それがとてもかなわないので、せめて一つくらいはほしいという意味の「一つだけ」である。しかし、クライマックスの「一つだけ」は、大切な、他にない、かけがえのないといった意味の「一つだけ」に変化している。

右の「二つ目」の読みと合わせると、お父さんが二度と会えないであろう娘に、美しさや優しさという意味をもつ花を、かけがえのない大切ものとして（そういう価値として）最後に贈ることとの意味が見えてくる。ゆみ子に、花のような、また花を大切にするような、優しく美しい人になっていってほしいというお父さんの最後の願いということも可能性として読める。その意味で、ここでお父さんのゆみ子への愛情が、強く顕在化したということである。

四つ目は、「花」の象徴性である。普通花は戦争では余計なもの、邪魔なものとなる。コスモスは「はしっぽの、ごみすて場のような所に、わすれられたようにさいてい」る。「花」は戦争とは対極のもの、平和の象徴とされてきた。そう考えると、最期にお父さんがゆみ子に花を形見として手渡すということは、作品の主題（思想）として平和への願いが読める。

「一つの花」のクライマックスの特徴を整理すると、次のようになる。

また、ここでは「――」（ダーシ）が使われ、お父さんの言葉の後の無言が強調されている。

「一つの花」のクライマックスの特徴（着目の指標）

1　泣いていたゆみ子が、足をばたつかせて喜ぶ。**（事件が決定的）**
2　会話文であり、極めて描写が濃い。**（描写の密度の濃さ）**
3　「――」（ダーシ）という表現が使われている。**（表現上の工夫）**
4　二度と会えないであろう最期の別れで、お父さんが花をゆみ子に形見として贈る。つまり、父親の愛情が最も前面に出る。**（主題との深い関わり）**
5　花のもつ象徴性が最も前面に出る。**（主題との深い関わり）**
6　この作品のキーワードである「一つだけ」の意味が、百八十度転換する。**（主題との深い関わり）**

事件

導入部　展開部　山場　終結部

冒頭「一つだけちょうだい。」――

発端　それからまもなく、あまりじょうぶでないゆみ子のお父さんも、――

山場の始まり　ところが、いよいよ汽車が入ってくるというときになって、――

クライマックス
「ゆみ。さあ、一つだけあげよう。一つだけのお花、大事にするんだよう――。」／ゆみ子は、お父さんに花をもらうと、キャッキャッと足をばたつかせてよろこびました。

結末――ゆみ子のにぎっている、一つの花を見つめながら――。

末尾――今日は日曜日、ゆみ子が小さなお母さんになって、お昼を作る日です。

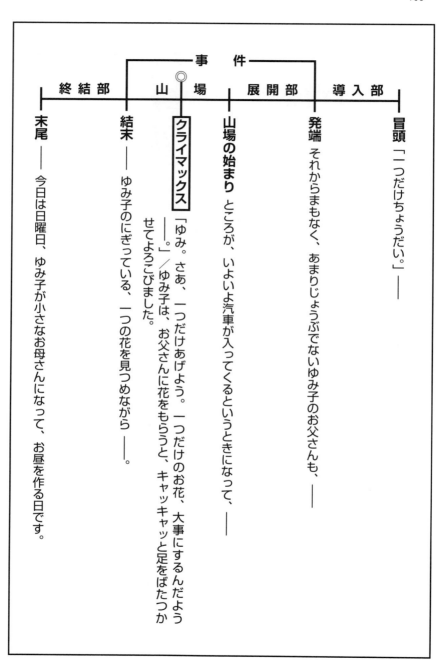

3 山場の始まりと結末そして終結部

山場の始まりは、このクライマックスに直接つながるところからである。それまでプラットホームの端の方で小さく万歳をしたり歌を歌ったりしていたが、いよいよ汽車が入ってくるというときになって、ゆみ子が「一つだけちょうだい。」とぐずり始める。「ところが、いよいよ汽車が入ってくるというときになって、またゆみ子の『一つだけちょうだい。』が始まったのです。」ここから山場が始まる。そして、クライマックスを挟み、お父さんが汽車に乗って行ってしまうまでが山場となる。

結末は、「お父さんは、それを見てにっこりわらうと、何も言わずに、汽車に乗って行ってしまいました。ゆみ子のにぎっている、一つの花を見つめながら――。」である。ここでお父さんとお母さん、ゆみ子との見送りの場面、別れの場面は終わる。

そして、終結部は「それから、十年の年月がすぎました。」と、戦後のゆみ子とお母さんの様子が描かれる部分である。ここでは、戦争に行ったお父さんの姿はない。もちろんお父さんは戦争で死んだのである。しかし、ゆみ子とお母さんのつつましいけれども幸せそうな姿が描かれる。同時に、この終結部で重要なのは、二人の住んでいる家の庭にコスモスの花がいっぱいに咲いていることである。これは、もちろんクライマックスの「一つだけのお花」に深く関わる。

第2節 「一つの花」の形象・技法―形象よみ

1 冒頭の形象を読む

この作品の題名は「一つの花」だが、それに対応するような冒頭である。(同時に対比的でもある。)

> 「一つだけちょうだい。」
> これが、ゆみ子のはっきりおぼえた最初の言葉でした。

ここからは様々なことが読めるが、何より子どもが最初に覚えた言葉が「一つだけちょうだい。」であることの意外性、異常性が読める。「まんまちょうだい」とか「おしっこ」くらいならば初めての言葉としてよくあるかもしれないが、「一つだけ」というのは意外である。これは本当はたくさんほしいが仕方がないので、せめて一つだけでもほしいという意味であり、ここから何か強い欠乏の状態が予想される。

冒頭での予想どおり、戦争末期の強い欠乏の中で育つ子どもの姿が導入部で見えてくる。本当は「もっと、もっと」とたくさんほしいのに、それが叶わないためにせめて「一つだけ」という懇願となる。それがお父さんとお母さんの心配にもなる。

そして、そういうゆみ子の意外な言葉から始まることで読者は軽い衝撃を受ける。その後「一つ」「一つだけ」がこの作品全体で繰り返される。そして、それらとは全く逆の意味でクライマックスで出てくる。冒頭で作品の中で特に鍵となる言葉が提示される。題名「一つの花」とも相まって重要な意味をもつ。

2 導入部の形象

導入部の形象よみでは、「人物」の紹介が重要な位置を占める。ここでは、ゆみ子、お父さん、お母さんという家族の人物像が大切である。ただし、この導入部では「時」の設定も大きな意味をもつ。戦争という時代である。ただし、それは一般的な戦争ではなく一九四五年八月に終わるアジア・太平洋戦争の末期であることが重要な意味をもつ。

(1) ゆみ子、お父さん、お母さんの人物像――「人物」の設定

まず、ゆみ子の人物像である。「はっきりおぼえた最初の言葉」とあるのだから、ゆみ子は言葉を覚え始めたばかりということになる。一歳後半から二歳くらいである可能性が高い。また、ゆみ子は一人っ子のようで、この家族はゆみ子、お父さん、お母さんの三人暮らしらしい。

冒頭の読みでも述べたが、初めて覚える言葉として「一つだけちょうだい。」は違和感がある。かなりの欠乏状態という生活環境で育ったことが窺える。それは「そのころは、おまんじゅうだの、キャラメルだの、チョコレートだの、そんな物はどこへ行ってもありませんでした。おやつどころではありませんでした。食べる物といえば、お米の代わりに配給される、おいもや豆やかぼちゃしかありませんでした。」からもわかる。当時としてゆみ子だけが特異な育ち方というわけでもないこともわかる。

お父さんの人物像は、導入部後半の会話文から窺える。

> 「この子は、一生、みんなちょうだい、山ほどちょうだいと言って、両手を出すことを知らずにすごすかもしれないね。一つだけのいも、一つだけのにぎりめし、一つだけのかぼちゃのにつけ――。みんな一

つだけ。一つだけのよろこびさ。いや、よろこびなんて、一つだってもらえないかもしれないんだね。いったい、大きくなって、どんな子に育つだろう。」

ここからは、娘の将来を心配する優しい父親像が見える。ただし、ここで注目すべきはこの文体である。「すごすかもしれないね。」「しれないんだね。」「どんな子に育つだろう。」といった言い方からは、ふだんから妻や子どもに丁寧に優しく接する父親像が見える。当時は家父長制が残っている中で妻や子どもに上から目線で命令したり、横柄で乱暴な言葉を発する父親も少なくなかった。暴力を振るう父親もいた。しかし、このお父さんはそういった父親像とは違い、妻や子どもに優しく接するむしろ現代的な父親像と言える。当時としてはめずらしいくらいの父親像と言っていいかもしれない。

そのことは、この後の出征の場面でも見えてくる。出征の際に赴任地に到着するまでの間に食べるお父さんのおにぎりを、お母さんはお父さんに断らないままにゆみ子に食べさせてしまう。お父さんがそれを怒ることはない。また、この家族も「小さくばんざい」をしたり「歌を歌」ったりするが、それは「まるで、戦争になんか行く人ではないかのよう」である。クライマックスで最後にコスモスの花を娘に渡す行動にもつながるものがあるかもしれない。いずれにしても、当時の家父長制的な権威や権力を上から下にかざしていく父親像とは大きく違うことが読める。

また、右の引用のすぐ後に「そんなとき、お父さんは、きまってゆみ子をめちゃくちゃに高い高いするのでした。」がある。「そんなとき」とはゆみ子が「みんなちょうだい、山ほどちょうだいと言って、両手を出すことを知らずにすごすかもしれない」「よろこびなんて、一つだってもらえないかもしれない」「いったい、大きくなって、どんな子に育つだろう。」とゆみ子を不憫に思い、不安に思った時である。ゆみ子を「めちゃくちゃに高い高いする」ことで、お父さんはやり場のない押さえきれない気持ちをなんとか安定させようとしているとも読める。

お母さんは、「なんてかわいそうな子でしょうね。」などと言うやさしい人物像である。ただし、お父さんに比べると、特に目立った特徴は読めない。とはいえ、我が子をやさしく見守り気遣う家族像が見える。

（２）「時」の設定―特に時代設定

既に述べたとおり、この作品では導入部の時代設定が大きな意味をもつ。

> まだ戦争のはげしかったころのことです。
> 毎日、てきの飛行機が飛んできて、ばくだんを落としていきました。
> 町は、次々にやかれて、はいになっていきました。

「戦争のはげしかったころ」「毎日、てきの飛行機が飛んできて、ばくだんを落として」「町は、次々にやかれて、はいになって」とある。日本の本土に「毎日」飛行機つまり爆撃機が飛んできて爆弾を落とし、「町」が「次々にやかれて、はいにな」るという状況は戦争末期であることがわかる。より正確に見ると一九四四年（昭和一九年）一一月にサイパン島・グアム島などが米軍に占領され、そこからB29が直接日本本土を爆撃するようになって以降ということになる。戦況は日本に不利で悲惨な状況になってきている時期である。そして、コスモスの花が咲いていることから、一九四五年の夏頃にまで絞り込むことができる。そのことは、この後展開される事件にとって大きな意味をもつ。

事件は「それからまもなく、あまりじょうぶでないゆみ子のお父さんも、戦争に行かなければならない日がやって来ました。」から始まる。「あまりじょうぶでない～ゆみ子のお父さん」が徴兵されることからも戦争末期という時が読める。戦争開始時点での徴兵率は兵役範囲の男子の約三割程度だったが、一九四四年～四五年では八割～九割になる。末期にはほとんどの兵役範囲男子が徴兵される。兵役に適しているとは言えない、たとえば体がそれほど丈夫でない男性も兵役に取られる。かなり、戦況が悪化し追い詰められていたことがわかる。

この時点で徴兵され戦争に行くということは、生きて帰ってこられない可能性が極めて高いことを意味する。そのことは読者が読めるだけでなく、お父さん・お母さんもそのことに気が付いていた可能性も読める。戦況悪化に伴ってこの時期に戦死者が増え続けていることは、多くの国民にはわかっていた。当時は、次々と戦死の公報が入ってきていた。その上、「あまりじょうぶでない」お父さんである。厳しい軍隊生活そのものに耐えられるかどうかさえ危ぶまれる。二重の意味でこのお父さんの出征は死を強く予感させる。

つまり、これはすなわち死出の旅立ちへの見送りであり、二度とお父さんとゆみ子・お母さんは会えないということである。そのことを、この場面でお父さんもお母さんも知っていた可能性が高い。だから、山場でのお父さんとお母さんの言動は、すべて最後の別れの言動という意味をもつ。

（3）「三人称客観視点」の語り

一つは、冒頭の「まだ戦争のはげしかったころのことです。」に着目したい。

「まだ」「はげしかったころのこと」という言い方からは、この物語を戦争が終わった時代から振り返る形で書かれていることが読める。終結部（末尾）で「今日は日曜日、ゆみ子が小さなお母さんになって、お昼を作る日です。」とあるが、この時点からの回想という可能性が読める。

もう一つは、語り手である。この語り手は、作品世界に登場しない三人称の存在である。それも、語り手としてはめずらしく導入部でも、この後の展開部・山場でも、一度も登場人物の心の中に入ることはない。その意味で「三人称客観視点」の語り手ということになる。登場人物とは、それゆえ一定の距離を保っている。外側から冷静に淡々と描くかたちである。

とは言え、語り手の視点はある程度までゆみ子たち家族に寄り添ってはいる。「戦争に行かなければならない日がやって来ました。」（発端）という言い方から、部分的にはゆみ子たち家族の立場に立った語り方もしている。たとえばここは「戦争に行く日が来ました。」でもいいはずである。さらに、展開部では「まるで、戦争になんか行く人ではないかのように」とも述べる。「なんか」からは、戦争のことを否定的にとらえている語り手が垣間見える。

3　展開部の形象―お父さんを見送りに行く

展開部から事件が動き出す。着目すべきは、その事件がより大きく変化する節目、つまり「事件の発展」である。それが展開部の鍵となる部分である。事件とはいっても、そこでは登場人物たちの変容や意外な側面の顕在化など様々な人物像が同時に読めてくる。

展開部は、クライマックスに向かって伏線を仕掛けているところである。この展開部で着目すべき鍵となる伏線は、次の三カ所である。（A～C・阿部）

> それからまもなく、あまりじょうぶでないゆみ子のお父さんも、戦争に行かなければならない日がやって来ました。**A**

ゆみ子は、おにぎりが入っているのをちゃあんと知っていましたので、
「一つだけちょうだい、おじぎり、一つだけちょうだい。」
と言って、駅に着くまでにみんな食べてしまいました。**B**

ゆみ子とお母さんの他に見送りのないお父さんは、プラットホームのはしの方で、ゆみ子をだいて、そんなばんざいや軍歌の声に合わせて、小さくばんざいをしていたり、歌を歌っていたりしていました。まるで、戦争になんか行く人ではないかのように。**C**

Aでは、まず「戦争に行かなければならない日」を読む。既に「時」の読みで指摘したが、戦争末期の戦局がひどく悪い状況である。事実上勝算のない絶望的な状況の中で戦っている。その中で戦力として投入されることになるお父さんである。生きて帰ることができる可能性はほとんどない。その上「あまりじょうぶでない」お父さんである。さらに可能性が低いと読める。当時の人たちがどこまでその状況を把握していたかは難しいところだが、次々と戦死公報が入り、骨となって戦死者が戻ってくる様子をかなり多く目にしているはずである（実際には骨さえない場合が多かった）。また、「毎日、てきの飛行機が飛んできて、ばくだんを落とし」町が「次々にやかれて、はいになって」いく状況からもそれは推測できるはずである。

これも既に述べたが「戦争に行く日」ではない「戦争に行かなければならない日」となっている。本当ならば行きたくないが、仕方なく行く、行かざるを得ないという家族の気持ちを語り手が代弁していると読める。

Bについても既に述べたが、おにぎりはお父さんが赴任地に行くまでの大切な食料である。それをいくらゆみ子がねだったからといっても、みんなあげてしまう。それもお父さんの許しなくである。お母さんの優しさ

だが、同時にそれを許してくれるお父さんの優しさをお母さんは知っていたということになる。

Cは、この後のクライマックスとも深く関わる特に重要な伏線である。ここでは、ゆみ子とお父さん・お母さんの様子を丁寧に読む必要がある。まず「プラットホームのはしの方」での見送りである。もちろん、人数の少ない家族だから、遠慮しているのであろう。次に「小さくばんざいをしていたり、歌を歌っていたりしていました」である。これも遠慮しているのであろうが、目立たないひっそりとした見送りである。そのとおり「他に見送りのないお父さん」とある。疎開していたのか、何らかの理由で地域の人たちとのつながりがないことが窺える。そして、「まるで、戦争になんか行く人ではないかのように。」と続く。

これは、その直前の「他にも戦争に行く人があって、人ごみの中から、ときどきばんざいの声が起こりました。」「たえず勇ましい軍歌が聞こえてきました。」とは対比的である。

この状況は、この後の山場における次の部分の伏線と読める。

> お父さんは、プラットホームのはしっぽの、ごみすて場のような所に、わすれられたようにさいていたコスモスの花を見つけたのです。

「他に見送りのない」「プラットホームのはしの方」「小さくばんざいをしていたり、歌を歌っていたり」「まるで、戦争になんか行く人ではないかのように」は、出征の見送りとしては、違和感のある異例のものである。このコスモスの花の「プラットホームのはしっぽの」「ごみすて場のような所」「わすれられたようにさいていた」の違和感と見事にシンクロする。つつましやかでやや違和感のある出征の見送りの様子と、コスモスの花の違和感との形象性の重なりである。

お父さんたち家族は、戦争という時代の大きな（暴力的な）流れの中ではそれなりに異質なものとして存在している。コスモスの花は、戦争という大きな流れの中で排除されている。それらの同一性が伏線となって、クライマックスで戦争と対局にある一つの花を、お父さんが娘のゆみ子に最後に渡すという出来事が生まれる。（お父さんたち家族が意識しているかどうかとは別の重なりである。作品の仕掛けとしての重なりである。）

4 山場の形象―コスモスの花のクライマックス

山場は、「ところが、いよいよ汽車が入ってくるというときになって、またゆみ子の『一つだけちょうだい。』が始まったのです。」から始まる。もう時間がない。最後のぎりぎりのところになって、やっとしずかにしていたゆみ子がぐずり出す。お父さんとお母さんは、かなり困ったに違いない。最後の切り札になるはずのお父さんの出征用のおにぎりも、すでにゆみ子に食べさせてしまっていたことがわかる。

そこでお父さんは、「ぷいといなくなってし」まう。そして、意外な場所からコスモスの花を見つけてくる。

> お父さんは、プラットホームのはしっぽの、ごみすて場のような所に、わすれられたようにさいていたコスモスの花を見つけたのです。あわてて帰ってきたお父さんの手には、一輪のコスモスの花がありました。

ここでは、たとえば「お父さんは、どこからかコスモスの花を見つけてきたのです。」などとしてもいいはずである。わざわざ「プラットホームのはしっぽの」「ごみすて場のような所に」「わすれられたようにさいていた」とある。花を見つけてきた場所の描写の意味を読む必要がある。

花は通常は花壇など目立つような所に咲いているはずのものである。ここではそういう状況でコスモスをとってきたのではない。戦時下で、もともと駅のプラットホームには花壇などはない。もちろん花があるはずはない。それは戦争という「非常時」に花など華美なものを大切にしていてはいけないという見方による。花を植える余裕があるのなら、食料になる野菜などを植えるべきという考え方でもある。花を愛でるような者は「非国民」なのである。

だから、どこを見ても花などはない。そういう中、お父さんは「プラットホームのはしっぽの」「ごみすて場のような所に」「わすれられたようにさいていた」コスモスを見つけてくる。「プラットホームのはしっぽ」は、実際には列車も止まることがない。人がほとんど歩かない、行き来しない所である。「ごみすて場のような所」だから、ごみすて場そのものではないかもしれない。しかし、ごみすて場と思われても仕方がないような端っこ、だから「わすれられたようにさいていた」のである。

このことから戦争という極限状況の中で忘れられている、というより否定し拒否されている花を、お父さんはあえて最後の別れの場面に持ってきたということである。戦争の中で否定されている花を、今生の別れとなるこの時にわざわざ持ってきた。「あわてて帰ってきた」とあるように、いろいろ試案し選んでいる時間も余裕もない中での選択ではある。しかし、だからこそ一輪のコスモスをここで持ってきたことの意味は大きい。（お父さんがそれを意識していたかどうかは別である。重要なのはその行為をさせた作品の意思である。）

ここでは「お父さんの手には、一輪のコスモスの花がありました。」という表現にも着目したい。「お父さんは、一輪のコスモスの花を手に持っていました。」ではない。お父さんが持っていたというのが事実だが、「手には、一輪のコスモスの花がありました。」と表現されている。換喩的な表現であり、一輪の花をクローズアップする効果がある。

さらにここでは「コスモス」を読む必要がある。夏から秋の花だから、菊でも、りんどうでもよかったかもしれない。しかし、コスモスである。同じ花でも、ここでお父さんが一輪の菊の花を最後に渡すと、かなり印象が変わってくる。

コスモスは、白、桃色、紅などの色があり、美しい可憐な花である。日本的な淡い色の花とは少し違う。また、手入れをしなくてもどこにでも育つ強い植物でもある。だから、「ごみすて場のような所」でも咲くことができたのであろう。その意味で見た目以上にたくましさがある。名称はカタカナで書かれるとおり海外のものである。もともとはギリシャ語で「秩序」「宇宙」などの意味をもつ。日本的な古風な名前でないことに意味がある。菊やりんどうなどとは、印象が大きく違う。その意味で、「挙国一致」「鬼畜米英」などと言っていた時代からすると、日本語名でない点でも一層の異質性がある。

そして、クライマックスに至る。

> 「ゆみ。さあ、一つだけあげよう。一つだけのお花、大事にするんだよう――。」
> ゆみ子は、お父さんに花をもらうと、キャッキャッと足をばたつかせてよろこびました。

構造よみの「クライマックス」の部分で既に指摘したとおり、ここでは大きく次の四つのことが読める。

① 泣いていたゆみ子が、足をばたつかせて喜ぶという変化。

② 二度と会えないであろう最後の別れ際にお父さんがゆみ子に自分の（事実上の）形見として花を一輪贈ることの意味。

③　「花」のもつ象徴性。
④　「一つだけ」の意味が、ここで大きくかけがえのないものという意味に転換。

これらを前提に、クライマックスをより丁寧に読んでいく。

ここでは、この作品で繰り返し出てくる「一つだけ」が二回出てくる。それも、これまでのような「本当はたくさんほしいけれど、仕方がないのでせめて一つだけでも」という「一つだけ」ではない。かけがえのない、貴重な、大切な、大事な「一つだけ」に変わっている。厳密に読むと、一回目の「一つだけあげよう。」は、たくさん上げてもいいが、一つだけしかないというニュアンスも読める。しかし、「一つだけのお花、大事にするんだよう。」まで来ると、明らかにかけがえのない、大切なという意味が強くなる。

「――」は、無言を示しているから、本来ならその後に続く言葉があってもよかった。しかし、それを続けずに何も言わなかったと読める。この後を見ると、これがお父さんのゆみ子とお母さんを前にした最後の言葉であることがわかる。二度と会えないであろう娘のゆみ子への最後の言葉である。その意味で、一輪のコスモスの花はお父さんの形見、「ゆみ。さあ、一つだけあげよう。一つだけのお花、大事にするんだよう――。」はお父さんの遺言とも読める。

形見としてコスモスを一輪手渡し、遺言として「一つだけのお花」を「大事にするんだよう」と言い、その後何も言わずに去って行く。とすると、この行為とこの言葉の意味は特別ということになる。

まず花は、美しさ、優しさという文化的文脈としての形象性をもつ。お父さんが二度と会えないであろう娘に、美しさ優しさの意味をもつ花を、かけがえのない大切なものとして（そういう価値として）最後に贈ることの意味が見えてくる。ゆみ子に、花のような、また花を大切にするような、優しい人になっていってほしいというお父さんの最後の願いということも可能性として読める。その意味で、ここでお父さんのゆみ子への愛情が強く顕在化したと読める。

ただし、ここで花がもつ象徴的意味はそれだけではない。既に読んだとおり、このコスモスの花は「プラットホームのはしっぽの」「ごみすて場のような所」「わすれられたようにさいてい」る。それは、戦争という厳しい時代状況の中で生み出されてしまった咲き方である。

ここで「花」は作品の人物たちの思いを超えて象徴的な意味をもつ。時の設定は、何度も述べているように戦争の終末期である。花は、戦争では余計なもの、邪魔なものである。だからこのコスモスは「はしっぽの、ごみすて場のような所に、わすれられたようにさいてい」る。「花」は戦争とは対極に位置するもの、つまり平和の象徴として扱われてきた。「花はどこへ行った」(ピート・シーガー)、「戦争は知らない」(寺山修司)などの歌でも、花は戦争とは対極にあるものとして象徴的に扱われている。反戦の象徴という意味合いも含まれる。小川未明の「野ばら」も戦争と対局に存在するものとしての野バラが象徴的な位置を占める。そういう文化的文脈を読むと、最後に父親が娘に花を形見として手渡す場面をクライマックスにしたということは、(人物たちの思いや意識を超えて)作品の思想として「平和」の希求が中心的な主題の一つとして読める。戦争という花を大切にできない時代状況の中で、あえて花を形見、遺言とすることの意味である。だから、終結部でコスモスの花がいっぱいのゆみ子とお母さんの生活が描かれることの意味は大きい。終結部では、その平和が(お父さんを失いながらも)実現しつつあることを象徴的に示している。

このお父さん自身が、それを意識し自覚していたかどうかは別である。作品として戦争と真逆の価値を最後の形見と遺言で示した。平和な中で生きてほしいという願いを強く残させたと読める。お父さんが具体的に意識的に何を願っていたかではない。作品の仕掛けとして、この作品の思想が読めてくる。

クライマックスの直後は、次のようになっている。

お父さんは、それを見てにっこりわらうと、何も言わずに、汽車に乗って行ってしまいました。ゆみ子のにぎっている、一つの花を見つめながら――。

「何も言わずに、汽車に乗って行ってしまいました。」が、まず気になる。「体に気をつけるように」とか「ゆみ子を頼む」とか言ってもいいはずだが、無言のままである。それはお父さんとお母さんは駅に向かう途中で十分話したからという見方もできるが、二度とゆみ子や妻と会うことができない可能性が極めて高いことを思うと、それ以上何も言えなかったと読んでいいであろう。また、ここでの無言は、直前のクライマックスの「一つだけのお花、大事にするんだよう――。」の重要性を一層増す効果を上げている。

また、お父さんは「にっこりわら」ったまま去っていく。普通なら出征の際には厳しい表情か緊張した表情をする場合が多いだろうが、ここではそんな常套を踏ませない。このお父さんの個性とも言えるが、ゆみ子やお母さんに少しでも安心をさせたいという配慮とも読める。導入部などで見せた父親像とつながる人物形象である。

そして「ゆみ子のにぎっている、一つの花を見つめながら――。」となる。ゆみ子の顔でもなく、お母さんの顔でもない。「一つの花」を見つめながらの永遠の別れである。ゆみ子やお母さんを直視できなかった。それくらいつらい思いでいるとも読めるし、それくらい「一つの花」への思い入れが強いとも読める。ここでも、この「一つの花」への焦点効果が一層強くなるかたちになっている。また「――」があることで、「何も言わずに、汽車に乗って行ってしまいました。」との倒置を効果的にしているとも読める。この倒置は、前半の

「何も言わずに、汽車に乗って行ってしまいました。」を印象づけると同時に、「ゆみ子のにぎっている、一つの花を見つめながら」を強調し印象を強くする効果がある。

いずれにしても、お父さんの言葉においても、視線においても、一輪のコスモスの花、「一つの花」への強い焦点効果が生まれている。

5 終結部の形象―主題がより明確になる

終結部は、「それから、十年の年月がすぎました。」から始まる。

「ゆみ子は、お父さんの顔をおぼえていません。」からお父さんは戦争で死んで帰ってこなかったことがわかる。結局、ゆみ子とお母さんだけの家族になってしまった。ゆみ子とお母さんだけの二人暮らしである。その上、「とんとんぶきの小さな家」つまり極めて粗末な屋根の家だから、貧乏な暮らしである。「ミシンの音」とあることから、お母さんが内職をしていることがわかる。貧しく寂しい境遇とも見られる。

しかし、この終結部には否定的で暗い形象性はない。「母さん、お肉とお魚とどっちがいいの。」というゆみ子の高い声が聞こえてきたり、「ゆみ子が、スキップをしながら」歩いていたりと、明るい家庭が見えてくる。内職のミシンの音も「まるで、何かお話をしているかのように、聞こえてきます。」とある。「今日は日曜日、ゆみ子が、小さなお母さんになって、お昼を作る日です。」と、ゆみ子とお母さんの良好な関係も垣間見られる。生活は貧しいものではあるが、何も食べるものがない戦中と違い「お肉とお魚とどっちがいいの」と選択できる状態にまでになっている。

そして、何よりコスモスの花が庭いっぱいにある。それは次の三カ所の描写からわかる。

ゆみ子のとんとんぶきの小さな家は、コスモスの花でいっぱいに包まれています。
ゆみ子の高い声が、コスモスの中から聞こえてきました。
ゆみ子が、スキップをしながら、コスモスのトンネルをくぐって出てきました。

コスモスの花は、もちろんお父さんが別れ際に「一つだけのお花、大事にするんだよう――。」とゆみ子に託したものである。それが、一輪ではなく、「いっぱいに包まれ」「トンネルをくぐ」るほどになっている。お父さんの言葉どおりになっていると読める。三回繰り返していることの意味は大きい。

戦争は終わり平和な生活が戻り、その中でゆみ子とお母さんは、貧しいながらも幸せそうに暮らしている。その意味で、お父さんが最後に形見として遺言として残したことが、それなりに実現していると読める。

もちろん、このような戦争がなければ、あのお父さんも生きてここにいたはずである。三人で暮らすことができたし、導入部のようなつらい状況とは違った新しい生活ができたはずである。その意味で、お父さんの死という悲劇を内包している。ただし、それを乗り越え、平和を実現した喜びも明確に読める。悲劇と平和という両面がこの終結部から同時に読める。終結部でこの作品の主題がより明確になる。

第3節　「一つの花」の吟味・評価—吟味よみ

1　「一つの花」の象徴性と主題

理不尽に家族を引き裂き、家族から父を奪い取る戦争の悲惨さを、あからさまに強調することなく、淡々と描いている。それも、ゆみ子たち家族を、戦争に向かう勇ましさという流れから外れた異質なものとして描いている。導入部での父親像、「あまりじょうぶでない」というお父さんの健康状態、見送りの場面での異質性、別れ際に花を贈るというおそらくは当時の人がすることがないであろう行為など、戦争一色の流れの中で異質ともいえる家族像である。三人称客観視点の語り手ではあるが、見送りの場面では「まるで、戦争になんか行く人ではないかのように。」と自らの評価を顕在化させている。

お父さんやお母さんが、この戦争に積極的に反対していたなどとはどこからも読めない。しかし、家族像、人物設定や事件展開によって、作品そのものは明らかに戦争に強い違和感を示している。戦争の悲惨さを描き、戦争に反対するという見方・考え方が読める。

ただし、それだけでなく、最後の別れでお父さんがくれた「一つだけのお花」がもつ象徴的な意味が、終結部で実現するという明るい終わり方をしている。戦争による悲しい別れ、お父さんの死と、それを乗り越えて平和に生きるゆみ子とお母さんという主題が、象徴とともに読めてくる。作品の思想として、明らかに戦争否定が読める。（このような戦争がなければ、ここにあのお父さんもいたはずである。三人で暮らすことができたし、新しい生活ができたはずである。）

この作品では、「コスモスの花」が重要な役割をもつ。クライマックスで形見としてお父さんがゆみ子に贈る一輪の「コスモスの花」が、戦後ゆみ子とお母さんの暮らしの中で庭いっぱいになるという形で生きる。また、同時に何度も述べているとおり、「花」という存在が象徴として意味をもつ。戦争と花は、世界の文化的文脈では真逆のものとしてとらえられてきた。この作品でも、その文脈が生きている。

2 戦争の悲惨さということについて

優れた作品であるが、導入部、展開部、終結部などの説明や描写が、必ずしも戦争の悲惨さを十分に伝えられていないかもしれないという見方ができるかもしれない。作品の見方・考え方としては戦争への強い否定が読める。しかし、戦争についての十分な知識をもたない読み手にとっては、その悲惨さ・残酷さ・非道さがもう一つ見えてこないとも言える。

そこまでを一つの文学作品が担うことを求めるのは無理という見方もあるかもしれない。しかし、児童文学として、もう少し戦争の悲惨さが垣間見られるような書き方が可能であったかもしれないとも考える。たとえば導入部では「毎日、てきの飛行機が飛んできて、ばくだんを落としていきました。」「町は、次々にやかれて、はいになっていきました。」という時代設定が書かれている。アジア・太平洋戦争の末期の悲惨な状況である。「てきの飛行機が」「ばくだんを落と」すことで、「町は次々にやかれ」る中で、数え切れない民間人が焼き殺され虐殺されている。生き地獄が日本の各地で生まれていた。しかし、これらの記述だけではその部分が見えてこない。その悲惨さ、異常さが十分に伝わってこない。それは読者が想像すべきということなのかもしれないが、右に述べたとおり現代の読者のかなりの部分は、そこまで想像することはできにくい。

たとえ児童文学であったとしても、時代設定が重要な位置を占める作品だけに、そこを再検討してもよいかもしれない。

発端の「それからまもなく、あまりじょうぶでないゆみ子のお父さんも、戦争に行かなければならない日がやって来ました。」も、それだけでは、その時点でおびただしい数の戦死者の遺骨が戻ってきていたということは見えてこない。兵士向きと認定された男子が次々と死ぬ中で、兵士向きとは認められなかったゆみ子のお父さんのような男子が最終段階で召集されるという事態のもっている意味は、この記述だけでは見えてこない。ただし、そういう要素が弱いであろうことを以て、この作品の価値が低いなどと言うつもりはない。吟味の一つとして、そういった観点の検討も必要かもしれないということである。

〈注〉

(1) 本文は、小学校国語教科書『国語四上』二〇一五年、光村図書による。

第五章　「大造じいさんとガン」（椋鳩十）

「大造じいさんとガン」は、猟師の大造と残雪との戦いの物語である。大造は、ガンの頭領である残雪のために思うようにガンを手に入れることができないでいる。「今年こそは」とこれまでにない方法でガンを手に入れようとするが、二年続けて残雪のために失敗する。三年目の新しい方法で今年こそガンを手に入れることができると思った時、ハヤブサのガンへの襲撃という意外な出来事が起こる。ハヤブサに向かっていき傷ついた残雪を大造は捕らえたのだが、翌年解き放つ。出来事が進むにしたがって大造の残雪に対する見方が大きく変容していく。それがこの作品の醍醐味である。

「大造じいさんとガン」は、椋鳩十の作品である。椋鳩十（一九〇五～一九八七年）は、動物文学の作家として著名である。「大造じいさんとガン」は、一九四一年に雑誌『少年倶楽部』に発表され、その後一九四三年に単行本『動物ども』（三光社）に収められた。初出は常体で書かれ、後に付けられる前書きはない。単行本にする際に、常体を敬体に変え、前書きを付けている。

教科書には一九五一年に掲載された。学校図書が小６国語に「がん」として掲載した。その後、多くの教科書に掲載され、現在はすべての小５国語に「大造じいさんとガン」または「大造じいさんとがん」として掲載されている。ただし教科書ごとに本文が大きく違う。

本文は、三種類ある。一つ目は、敬体で前書きがある単行本と同じもの。これは光村図書が掲載している。二つ目は、常体で前書きがない初出と同じもの。これは教育出版が掲載している。三つ目は敬体で前書きがないもの。単行本版から前書きを削除したものである。これは、東京書籍、三省堂、学校図書が掲載している。

第1節　「大造じいさんとガン」の構成・構造—構造よみ

前書きがあるかどうかで作品の構造は違ってくる。ここでは敬体で前書き付きの本文を底本とする（注1）。その場合、導入部—展開部—山場—終結部の四部構成となる。それを含む作品構造は、134頁のとおりである。

1　導入部から発端へ—前置きと事件の始まり

導入部といっても、この作品の場合、物語の語りに至るまでの経緯が示されている。まるで生身の作者（椋鳩十）が述べているかのようにも見えるが、ここでは虚構としての「わたし」が虚構としての大造に聞いたということである。仮に実在の椋鳩十と重なる部分があったとしても、虚構としての経緯説明と見てよい。

次は、この作品の導入部前半である。

> 知り合いのかりゅうどにさそわれて、わたしは、イノシシがりに出かけました。イノシシがりの人々は、みな栗野岳のふもとの、大造じいさんの家に集まりました。じいさんは、七十二さいだというのに、こしひとつ曲がっていない、元気な老かりゅうどでした。そして、かりゅうどのだれもがそうであるように、なかなか話し上手の人でした。血管のふくれたがんじょうな手を、いろりのたき火にかざしながら、それからそれと、愉快なかりの話をしてくれました。その話の中に、今から三十五、六年も前、まだ栗野岳のふもとのぬま地に、ガンがさかんに来たころの、ガンがりの話もありました。わたしは、その折の話を土台として、この物語を書いてみました。

「わたし」は、七二歳の大造じいさんに、三五、六年も前のガンがりの話を聞いた。「その折の話を土台として、この物語を書いてみました。」とある。大造自身から直接聞いた三五、六年前の話という設定で、（虚構であっても）この物語の現実感を高めるという効果がある。

その後「1」から大造と残雪の事件が始まるが、導入部の時点で大造は七二歳マイナス三五・三六だから、この事件が起こった時の大造は三〇歳代半ばということになる。しかし、事件の語りでも導入部同様、語り手（わたし）は、「大造じいさん」と呼んでいる。

なお、導入部は、「わたし」が語り手であり、「わたし」が大造から話を聞いたというかたちで実際にその作品世界に存在する。だから一人称話者である。しかし、展開部以降は「わたし」は物語世界には登場しない。したがって、こちらは同じ語り手であっても、三人称話者ということになる。（「1」の展開部以降は「わたし」という自称は一度も出てこない。）

「1」の「今年も、残雪は、ガンの群れを率いて、ぬま地にやって来ました。」からいよいよ物語が始まる。前置き的な説明から、より具体的・描写的な物語世界にここから入っていく。その後、残雪の人物紹介や、それまでの大造と残雪の関わりなどの経緯をはさみ、「そこで、残雪がやって来たと知ると、大造じいさんは、今年こそはと、かねて考えておいた特別な方法に取りかかりました。」と続く。ここから大造の残雪への関わりが始まる。それも本文に「特別な方法」とあるように、これまでとは違った方法での関わりである。

今年も、残雪は、ガンの群れを率いて、ぬま地にやって来ました。
残雪というのは、一羽のガンにつけられた名前です。左右のつばさに一か所ずつ、真っ白な交じり毛をもっていたので、かりゅうどたちからそうよばれていました。

ただし、ここで注意することがある。この作品の発端は「主要な人物同士の関わり」ではないということである。大造はもちろん主要な人物である。しかし、残雪は人物とは読めない。これまで残雪を人物と呼んでいる先行研究・先行実践があるが、それは読み間違いである。人物とは「人間または人間と同じ人格をもった存在」のことである。この作品で残雪が人格をもっていると認められる記述は全くない。だから、ここでは「主要な人物の主要な対象との関わり」ということになる。（実際の授業では、このことの確認は、発端への着目の過程でなく、クライマックスや形象の読みとりの過程で行うことがあってもよい。）

「大造じいさんとガン」の発端の特徴を整理すると、次のようになる。

「大造じいさんとガン」の発端の特徴（着目の指標）

1　大造と残雪の主要な事件がここから始まる。**（主要な事件の始まり）**

2　大造が、残雪たちガンを何とか捕まえ殺そうと積極的に動き始める。特に大造と残雪との関わりの開始である。**（主要な人物の主要な対象との関わり）**

3　それまでも、大造と残雪の関わりはあったが、ここからは「かねてから考えておいた特別な方法」など、それまでとは違った新たな関わり方をし始める。これまでの大造と残雪との関わりとは違った局面を迎えている。**（非日常）**

4　導入部は、物語世界とは別の次元の世界を書いている。「その折の話を土台として、この物語を書いてみました。」など説明的な書かれ方である。それに対し「今年も、残雪は、ガンの群れを率いて、ぬま地にやって来ました。」以降は、ある時期そしてある日の出来事の描写になっていく。**（説明的→描写的）**

発端は「今年も、残雪は、ガンの群れを率いて、ぬま地にやって来ました。」であるが、次から「残雪というのは」と残雪の紹介が始まる。これは展開部に挿入された紹介であり導入部的役割を担う。この作品には、語りの枠組みを示す導入部と、展開部にはさみ込まれた残雪の紹介の導入部的部分との二つがあることになる。

2 大造の見方の変容としてのクライマックス

次は、山場の最後の緊迫した部分である。ハヤブサと戦って傷ついた残雪がぬま地に落ちてくる。その残雪の様子と大造の残雪への見方が描かれる。クライマックスは、次の中の最後の一文である。（傍線・阿部）

> 残雪は、むねの辺りをくれないにそめて、ぐったりとしていました。しかし、第二のおそろしい敵が近づいたのを感じると、残りの力をふりしぼって、ぐっと長い首を持ち上げました。そして、じいさんを正面からにらみつけました。
> それは、鳥とはいえ、いかにも頭領らしい、堂々たる態度のようでありました。
> 大造じいさんが手をのばしても、残雪は、もうじたばたさわぎませんでした。それは、最期の時を感じて、せめて頭領としてのいげんをきずつけまいと努力しているようでもありました。
> 大造じいさんは、強く心を打たれて、ただの鳥に対しているような気がしませんでした。

右の部分をすべてクライマックスとすることもできるだろうが、そうなるとあまりにも長いクライマックスとなる。やはり最後の一文「大造じいさんは、強く心を打たれて、ただの鳥に対しているような気がしませんでした。」をクライマックスとするのが妥当であろう。

この作品を丁寧に見ていくと、事件の節目となる部分つまり鍵となるのは「大造の残雪に対する見方の変容」が読める箇所であることがわかってくる。大造と残雪の力関係も重要だが、それ以上に大造の残雪に対する見方の変化・変容が事件の中心を占める。語り手が大造の見方を大きく代弁していて常にそれが物語の核となっていること、既に述べたとおり残雪が人物ではないことなどからそれは明らかである。

だとすると、右の枠囲みの中でも、特に大造の残雪に対する見方の大きな変容が顕在化している最後の一文をクライマックスとすることは自然である。これまで何度も変容してきた大造の残雪に対する見方が、「ただの鳥に対しているような気がしませんでした。」とここでより大きく変化し決定的な局面を迎えている。はじめ大造は「頭領らしい、なかなかりこうなやつ」とは見つつも、「たかが鳥のことだ」とも思う。しかし、直後に「ううむ。」と残雪に対し感嘆の声をもらす。そして、「たいしたちえをもっているものだな」ということを感じる（一年目・展開部）。翌年は、「大造じいさんは、広いぬま地の向こうをじっと見つめたまま、／『ううん。』／と、うなってしまいました。」となる（二年目・展開部）。そして、ハヤブサと残雪との戦いの中で、「なんと思ったか、再びじゅうを下ろ」すところで、さらに変容する。そして、このクライマックスを迎える（三年目・山場）。

ここで、「いかにも頭領らしい、堂々たる態度のよう」「最期の時を感じて、せめて頭領としてのいげんをきずつけまいと努力しているよう」などという大造の見方の深化があり、そして「大造じいさんは、強く心を打たれて、ただの鳥に対しているような気がしませんでした。」となる。この作品の中で最も大造の残雪への見方が深まり変容したのはここである。

授業では、クライマックスの候補としてもう少し前の部分、ハヤブサと戦っている残雪を撃とうとした大造が銃を下ろす部分が出てくることがある。

> 大造じいさんは、ぐっとじゅうをかたに当て、残雪をねらいました。が、なんと思ったか、再びじゅうを下ろしてしまいました。

ここは、これまで自分が負け続けてきた残雪を仕留める絶好の機会を、大造が逃す部分である。大造の残雪への見方が大きく変わったところとも読める。それまでは、賢いガンのリーダーとして見てはいた。しかし、今回はそれに加え、いざとなったら仲間のために自分より強いかもしれない敵に向かっていく勇気、仲間へのやさしさ、リーダーとしての自負などが見えてくる。その意味で重要な事件の節目である。しかし、クライマックスとしてはまだ早い。大造の残雪に対する見方は、この変化に加え、この後の残雪が大造に対峙する部分で一層大きく深まる。それは、右で読んだとおりである。また、ここではまだ「なんと思ったか」となっている。「大造じいさんとガン」のクライマックスの特徴を整理すると、次のようになる。

「大造じいさんとガン」のクライマックスの特徴（着目の指標）

1　「大造の残雪に対する見方の変容」が、「強く心を打たれ」「ただの鳥に対しているような気がしませんでした。」と、ここで決定的となる。**（事件が決定的）（「大造の残雪に対する見方の変容」自体が事件）**

2　この変容は、この瞬間に起こった出来事である。この部分の直前を見ても「正面からにらみつけました。」「じたばたさわぎませんでした。」など描写の密度が濃い。**（描写の密度の濃さ）**

3　「大造の残雪に対する見方の変容」そのものが、作品の主題を形成している。**（主題との深い関わり）**

事件

導入部　展開部　山場　終結部

冒頭 知り合いのかりゅうどにさそわれて、わたしは、イノシシがりに出かけました。――

発端 今年も、残雪は、ガンの群れを率いて、ぬま地にやって来ました。――

山場の始まり 今年もまた、ぼつぼつ、例のぬま地にガンの来る季節になりました。――

クライマックス 大造じいさんは、強く心を打たれて、ただの鳥に対しているような気がしませんでした。

＝**結末** ――ただの鳥に対しているような気がしませんでした。

〈※クライマックス＝結末〉

末尾 ――いつまでも、いつまでも、見守っていました。

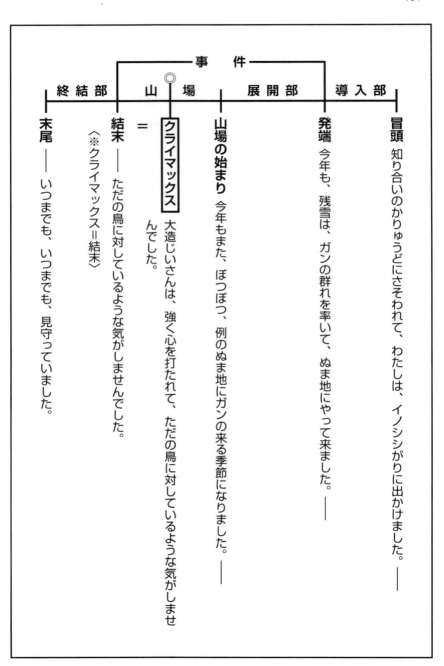

第2節　「大造じいさんとガン」の形象・技法―形象よみ

1　導入部の形象―物語の経緯を語る

「わたしは、その折の話を土台として、この物語を書いてみました。」とあることから、作者が自ら作品制作の経緯を語る形になっている。「お読みください。」も同様である。しかし、既に述べたようにこれは作品内の記述であり、虚構として読むべきものである。生身の椋鳩十と作品世界の「わたし」は別の存在として読む必要がある。そうしないと、たとえば「椋鳩十先生は講演の中でこんなことを言っていた。だから、ここはこう読まないといけない。」「椋先生は、こう言っていたのだから、そんなことは読めない。」など、作品外の生身の作家の発言が作品の多様な読みを阻害することになる。そういう呪縛から文学作品の読みを解放し、もっと豊かで多様な解釈を創造していく必要がある。

「わたし」という呼称から、この人物は大造たち猟師とは違った世界の人物であることが推測できる。「この物語を書いてみました。」とあるのだから、作家かそれに準じる人物と読める。それが大造の話に強く共感して、この物語を書いたということである。

大造は、七二歳だから、この作品成立（一九四〇年代）当時としては老人と言える。それでも「こしひとつ曲がっていない」「血管のふくれたがんじょうな手」などかなり元気なようである。物語は、それから「三十五、六年も前」の話というのだから、当時大造は三六～三七歳であったことになる。当時であっても「じいさん」と言われる年齢ではない。にもかかわらず展開部以降で語り手（わたし）は、「大造じいさん」と呼んでいる。七二歳になった大造じいさんが、まだ若い頃という意味とも理解はできるが、物語世界に入っていっても相変わらず三六〜三七歳の人物を「じいさん」と呼び続ける。そこには違和感がある。これについては「吟味よみ」で取り上げても面白い。

なお、ここで大造が「かりゅうど」であることに留意しておく必要がある。趣味でハンティングをしているのではない。おそらくは職業として狩りをしている。だから、ガンが捕れる捕れないかは大造にとって死活問題ということになる。（ただし、大造にとってガンだけが獲物であったとは限らないが。）

ここでは「栗野岳のふもと」と、鹿児島県の実在の山が出てくる。この作品のモデルなのかもしれないが、そういった実在の具体的な山の名称が出ることで、（虚構であっても）この後の物語の現実感をより強める効果がある。

また、「わたし」は歳をとった大造の話を「土台として、この物語を書い」たとある。大造が語った話がモデルであるとしても、「わたし」の意味づけが大きく含まれていることが予測できる。

この導入部のない版も椋鳩十は発表している。この導入部がある場合とない場合とでは、作品の読みにどういう違いが生まれるのか。これについて「吟味よみ」で検討しても面白い。

2 展開部の形象—大造と残雪の戦い

（1）展開部の「残雪」紹介と事件設定

導入部では、残雪についての記述はない。残雪が示されるのは、展開部からである。ここから、これまでの大造と残雪との関わりの経緯を含め、残雪の紹介が始まる。

残雪については、以下のような紹介がある。

残雪というのは、一羽のガンにつけられた名前です。左右のつばさに一か所ずつ、真っ白な交じり毛をもっていたので、かりゅうどたちからそうよばれていました。
残雪は、このぬま地に集まるガンの頭領らしい、なかなかりこうなやつで、仲間がえをあさっている間も、油断なく気を配っていて、りょうじゅうのとどく所まで、決して人間を寄せつけませんでした。
大造じいさんは、このぬま地をかり場にしていたが、いつごろからか、この残雪が来るようになってから、一羽のガンも手に入れることができなくなったので、いまいましく思っていました。

「ガンの頭領らしい、なかなかりこうなやつ」「りょうじゅうのとどく所まで、決して人間を寄せ」ないなど、残雪のリーダーとしての賢さが述べられる。「残雪が来るようになってから、一羽のガンも手に入れることができなくなった」ということは、その賢さはかなりのものと考えられる。

それを猟師である大造は「いまいましく思ってい」たとある。猟師はガンばかりを獲物としていたわけではないだろうが、それにしても猟師としては生活に関わる大きな問題である。だから、三六～三七歳になるベテランの猟師である大造としては、残雪に特別の思いをもっている。

文学作品では、登場する人物や対象の名前を読むことは重要である。

まず、「残雪」から読む。残雪の名前の理由については、「左右のつばさに一か所ずつ、真っ白な交じり毛をもっていた」ために「かりゅうどたちからそうよばれて」いたとある。春の山の雪解けの時期に、すべて雪が溶けきる前にわずかに残る雪が残雪である。しかし、「真っ白な交じり毛」があったとしても鳥に「残雪」という名前をつけるとは限らない。かりゅうどたちにその名前をつけられるだけの特別な能力・経歴をもった鳥であることが予想される。「残雪」という二字の漢語、それも「雪」という語を含む。格調の高い名前である。俳句の季語にもなる。「残雪の山暮れの白雲界に立つ」（若木一朗）や「残雪やごうごうと吹く松の風」（村上鬼城）などの句がある。漢詩でも王維の詩に「残雪帯㆓春風㆒」の一節がある。そういう名前がついているということは、残雪は猟師たちからそれなりに高く評価されている可能性が高い。

「ザンセツ」という音にも注目したい。前半は「ザン」という短い音、それも濁音でありながら「ドン」や「ボン」などとは違い重苦しさはない。後半もS音とT音の子音が印象深く歯切れのよい音感をもつ。全体として短めで歯切れのよい音感、スマートな音感と言える。そしてこの音の響きは、その意味内容とあいまって「残雪」という名前の格調高さ、詩的情緒を強めている。

「大造」も良い名前である。気取らないおおらかな名前である。ただ、文学作品の名前として見れば特別なものではない。「残雪」と比べるとそれははっきりする。人間より鳥の方が特別な名前をもっている。

構造よみの発端のところでも述べたが、ここで再度「人物」について考えてみたい。この作品の登場人物は、大造と残雪とされることがある。大造はもちろん人物であるが、残雪は人物ではない。大造にとっては、「あの残雪が、仲間を指導して」「またしても、残雪のためにしてやられてしまいました。」「残雪の目には、人間もハヤブサもありませんでした。ただ、救わねばならぬ仲間のすがたがあるだけでした。」「正面からにらみつけました。」など、人物のように見えているらしいことはわかる。（これらは、語り手の言葉だが、同時に大造の見方を代弁している。）しかし、それは大造がそう見ていた、感じていたということであって、物語（文学作品）として、残雪をそのまま人物と読んでよいということとは違う。

物語・小説における「人物」とは、人格をもった作品中の存在である。人間でなくても人間と同じように話したり考えたりすれば人物である。「ごんぎつね」のごん、「スイミー」のスイミー、「お手紙」のがまくんとかえるくんなどである。しかし、残雪は、話をすることはないし、その内面（心内語）を語り手が語ることも全くない。大造と残雪が関わり合っていることは間違いないが、それは（「ごんぎつね」のような）人物相互の関わり合いではなく、人間と生身の動物との関わり合いである。だから、残雪を人物として読んでいくと、大きな読み違いが起きる。大造や猟師たちが残雪をどう見ていたか、どう評価していたかとは別のことである。動物、鳥としての残雪を読むことに止める必要がある。これについては吟味よみのところでも取り上げる。

事件設定としては、「この残雪が来るようになってから、一羽のガンも手に入れることができなくなったので、いまいましく思っていました。」が大切である。そういう前話があって、一回目の大造の作戦が始まる。なお、時（季節）は秋である。ガンは、渡り鳥で秋に日本にやってきて越冬し、春にまた北へ帰る。その秋から冬そして春の物語である。

（2）展開部の事件展開—大造のしかけ→大造の期待→大造の見方の変容

「1」という表示に続き「今年も、残雪は、ガンの群れを率いて、ぬま地にやって来ました。」と展開部が始まる。ここから大造の残雪への具体的な関わりが始まる。大造の残雪たちガンの群れへのしかけは、合計四回になる。①「タニシを付けたウナギつりばりを、たたみ糸で結び付けてお」き、ガンを生け捕るというしかけ②一羽生け捕りにできたことから、それを翌日も繰り返すというしかけ　③翌年に「タニシを五俵ばかり集め」それをばらまき、ガンが集まってきたところを銃で仕留めようというしかけ、そして④さらに翌年、生け捕りにしたガンをおとりに使い、近づいたところを銃で仕留めようというしかけ——である。

①〜③までが展開部、④が山場に当たる。④でハヤブサが登場し、残雪が大造に生け捕られる。

いずれも、しかけによって生け捕ろうとする、殺そうとするなど大造の残雪たちガンへの働きかけの部分が鍵となる。同時にそれに伴う大造の成果への期待も鍵となる。そして、結果に対する大造の落胆（一度だけ成功し喜ぶ）と、それに伴う残雪への見方の変容が鍵となる。また、この作品の特徴として、右の大造の結果への期待の部分に象徴的な情景描写が示される。基本的には「大造の残雪たちへのしかけ↓大造の期待↓結果と大造の見方の変化」が繰り返される。そこに、大造の期待とシンクロする象徴的な情景描写が加わる。

a　大造の残雪たちガンへの働きかけ（方法・しかけ）
b　大造の成果への期待
c　結果に対する大造の落胆（一度は成功し喜ぶ）と残雪への見方の変化
d　「b」に関わる情景描写（象徴表現）

これが、展開部で複数回繰り返される。山場でもほぼ同様のことがあるが、ここではハヤブサの登場という予想外の事件が起こる。展開部の一回目から三回目の変化の鍵となる部分を取り出すと次のようになる。

①　一回目　大造じいさんは、今年こそはと、かねて考えておいた特別な方法に取りかかりました。／それは、いつもガンのえをあさる辺り一面にくいを打ちこんで、タニシを付けたウナギつりばりを、たたみ糸で結び付けておくことでした。**（a　大造の働きかけ（新たな方法））**
今度は、なんだかうまくいきそうな気がしてなりませんでした。／翌日の昼近く、じいさんはむねをわくわくさせながら、ぬま地に行きました。**（b　大造の期待）**
「ほほう、これはすばらしい。」／じいさんは、思わず子どものように声を上げて喜びました。**（c　大造の喜び）**

②　二回目　しかし、大造じいさんは、たかが鳥のことだ、一晩たてば、またわすれてやって来るにちがいないと考えて、昨日よりも、もっとたくさんのつりばりをばらまいておきました。**（a　大造の働きかけ（新たな方法））＋（b　大造の期待）**

秋の日が、美しくかがやいていました。**（d　情景描写）**

「ううむ。」／大造じいさんは、思わず感嘆の声をもらしてしまいました。（中略）どうしてなかなか、あの小さな頭の中に、たいしたちえをもっているものだなということを、今さらのように感じたのでありました。**（c　大造の落胆→残雪への見方の変容）**

③　三回目　夏のうちから心がけて、タニシを五俵ばかり集めておきました。そして、それを、ガンの好みそうな場所にばらまいておきました。**（a　大造の働きかけ（新たな方法））**

大造じいさんは、うまくいったので、会心のえみをもらしました。**（b　大造の期待・まだ成功はしていない）**

あかつきの光が、小屋の中にすがすがしく流れこんできました。**（d　情景描写）**

りょうじゅうをぐっとにぎりしめた大造じいさんは、ほおがびりびりするほど引きしまるのでした。**（b　大造の期待）**

またしても、残雪のためにしてやられてしまいました。／大造じいさんは、広いぬま地の向こうをじっと見つめたまま、／「ううん。」／と、うなってしまいました。**（c　大造の落胆→残雪への見方の変容）**

大造の残雪たちに対する働きかけ・しかけは、回を重ねるごとに周到で高度になっている。一回目では、「タニシを付けたウナギつりばりを、たたみ糸で結び付けて」杭に結びつけ、ガンたちを生け捕りにするという方法である。ここだけは成功し、一羽のガンを生け捕ることができる。この一羽のガンの存在が、山場での四回目の作戦に重要な位置を占める。その意味で、この一回だけの成功は山場への伏線になっている。

ガンが一羽生け捕りにできたので、二回目（翌日）は「昨日よりも、もっとたくさんのつりばりをばらまいて」おく。ここには特に高度化はないが、量的拡大がある。しかし、その二回目は失敗する。ガンたちは「失敗にこりて」一度「引っ張ってみてから、いじょうなしとみとめると、初めて飲みこ」むという方法でつりばりを飲み込まないようにする。「残雪が、仲間を指導してやったにちがいありません。」とある。語り手の言葉だが、大造の見方を代弁していると読める。

そこで、大造は翌年「夏のうちから心がけて、タニシを五俵ばかり集めて」おく。三回目である。それを「ガンの好みそうな場所にばらまいて」おく。それを「四、五日」繰り返す。ガンたちにとって「いちばん気に入りの場所となった」ところへ猟銃の弾を撃つ。一回目は、一日だけのしかけである。今回は、四、五日かけて「気に入りの場所」にさせてから、安心したところを銃で狙う。より周到になっていることがわかる。そして、もう一つ大きな変化がある。一回目・二回目は、罠で生け捕るという作戦だが、今回はおびき寄せておいて銃で撃ち殺すというものとなっている。より高度でより厳しい作戦（働きかけ）になっている。より残虐性を増していると言える。しかし、これも失敗する。「もう少しでたまのとどくきょりに入ってくる、というところで、またしても、残雪のためにしてやられ」たとある。

山場の四回目は、さらに複雑になる。これは山場の部分で読む。

そして、二回目・三回目の失敗の度に、大造の残雪への見方は変容していく。大造は以前から「頭領らしい、なかなかりこうなやつ」とは評価していたものの、一回目のウナギつりばりの罠で一羽を生け捕ると、「たかが鳥のことだ、一晩たてば、またわすれてやって来るにちがいない」と考える。しかし、二回目の失敗が残雪によってもたらされたと考え、「『ううむ。』／大造じいさんは、思わず感嘆の声をもらしてしまいました。」となる。そして「どうしてなかなか、あの小さい頭の中に、たいしたちえをもっているものだなということを、今さらのように感じたのでありました。」となる。「あの小さい頭の中に」には、まだ軽視が垣間見られるものの、残雪への評価は高まっている。

三回目の「タニシ」作戦も、残雪のために失敗したと大造は考える。「またしても、残雪のためにしてやられてしまいました。」とあり、続いて「大造じいさんは、広いぬま地の向こうをじっと見つめたまま、『ううん。』／と、うなってしまいました。」とある。二回目の「感嘆の声」と三回目の「うなってしまいました」では、決定的な違いがあるとも言い切れないが、残雪の力をより強く認識していることは、「またしても～してやられて」という展開から間違いない。そして、それはこの後の山場で決定的となり最高潮に達する。

展開部・山場を通じて、大造の期待が高まった際に「秋の日が、美しくかがやいていました。」などの肯定的な情景描写が示される。大造の期待感を象徴していると読めるが、これについては終結部で全体を通して見ることにする。

3　山場の形象─クライマックスにおける大造の見方の変容

山場で四回目の大造の作戦が始まる。その主要部分を取り出すと次のようになる。ここでも「a大造の残雪たちへのしかけ↓b大造の期待↓c結果と大造の見方の変化」は同じである。「d情景描写」もある。ただし「c結果と大造の見方の変化」の「結果」については、ハヤブサの登場により、二重・三重に意外な展開が生まれる。残雪の思ってもみなかった側面が見えてくる。そして、大造の見方の変容は最高潮に達する。

④ 四回目　大造じいさんは、ガンがどんぶりからえを食べているのを、じっと見つめながら、／「今年はひとつ、これを使ってみるかな。」／と、独り言を言いました。
じいさんは、長年の経験で、ガンは、いちばん最初に飛び立ったものの後について飛ぶ、ということを知っていたので、このガンを手に入れたときから、ひとつ、これをおとりに使って、残雪の仲間をとらえてやろうと、考えていたのでした。**（a　大造の働きかけ（新たな方法））**
「うまくいくぞ。」／大造じいさんは、青くすんだ空を見上げながら、にっこりとしました。
「さあ、いよいよ戦闘開始だ。」**（b　大造の期待）**
ガンの群れを目がけて、白い雲の辺りから、何か一直線に落ちてきました。／「ハヤブサだ。」（中略）「あっ。」／一羽、飛びおくれたのがいます。／大造じいさんのおとりのガンです。長い間飼いならされていたので、野鳥としての本能がにぶっていたのでした。

（c　意外な展開）

もう一けりと、ハヤブサがこうげきの姿勢をとったとき、さっと、大きなかげが空を横切りました。／残雪です。**（c　もう一つの意外な展開）**
大造じいさんは、ぐっとじゅうをかたに当て、残雪をねらいました。が、なんと思ったか、再びじゅうを下ろしてしまいました。**（c　大造の（読者にとって）意外な行動）**
残雪の目には、人間もハヤブサもありませんでした。ただ、救わねばならぬ仲間のすがたがあるだけでした。**（c　大造の意外な残雪の行動とその意味づけ）**

それは、鳥とはいえ、いかにも頭領らしい、堂々たる態度のようでありました。／大造じいさんが手をのばしても、残雪は、もうじたばたさわぎませんでした。それは、最期の時を感じて、せめて頭領としてのいげんをきずつけまいと努力しているようでもありました。／大造じいさんは、強く心を打たれて、ただの鳥に対しているような気がしませんでした。

（C　大造の残雪への見方の変容＝クライマックス）

これらに加え大造の期待を象徴する「東の空が真っ赤に燃えて、朝が来ました。」が加わる。

四回目は、これまでとは作戦の質が変わる。一回目で生け捕りにし、そのまま大造が飼い続け、大造の「かった先に止まるほど」にまで馴れているガンを「おとり」に使うというものである。「今年はひとつ、これを使ってみるかな。」と大造は独り言を言う。ガンの「いちばん最初に飛び立ったものの後について飛ぶ」という性質を利用し、おびき寄せ、そこを銃で狙う作戦である。撃ち殺すという点は、三回目と同じである。

今回は、思いもかけない展開となる。ハヤブサが登場する。ガンにとっては恐ろしい相手である。その登場で、大造のおびき寄せ撃つという作戦は失敗する。そして、大造がおとりに使ったガンが逃げ遅れ、ハヤブサに襲われる。

しかし、その直後、他ならない残雪がそのガンを助けようとハヤブサに向かってくる。残雪でもハヤブサに勝てるとは限らない。自分が殺される危険もある。にもかかわらず、大造のガンを「仲間」と見て助けに来る。これも、大造にとって全く予想外の出来事である。ただし、一方では、大造のガンは大造の「よび声」に反応して大造の方に近づきつつあったのだから、それを助ける残雪も大造に近づいていることになる。大造が残雪を狙うチャンスが来たのである。

しかし、ここで大造は意外な行動をとる。「じゅうを下ろしてしまいました。」である。語り手も「が、なんと思ったか」と、その意外性を強調する。大造の心の中に自由に出入りしている語り手だが、ここでは大造の内面には入っていない。じゅうを下ろした理由は、終結部の大造の残雪への「ひきょうなやり方」「堂々」などの言葉ではっきりするが、ここでは読者は推測をするしかない。

とは言え、「残雪の目には、人間もハヤブサもありませんでした。ただ、救わねばならぬ仲間のすがたがあるだけでした。」という記述からかなりの程度、その理由を推測できる。これは、語り手の言葉だが、同時に大造の見方を代弁している。とすると、自分のガンを命がけで助けようとしている残雪を撃つことはできないという大造の見方・考え方は、かなりの程度推測できる。

これまでは、大造の残雪たちガンへのしかけが繰り返される中で、残雪のガンのリーダーとしての賢さが前面に出てきていた。それに伴って、大造の残雪に対する評価が上がってきていた。読者も大造や語り手にシンクロしつつ、同様に残雪のリーダーとしての力をだんだん強く感じてきていたはずである。しかし、ここでこれまで見せなかった残雪の新たな側面が見えてくる。いざとなると、自分の仲間のために命をかけて自分より強いかもしれない敵に向かっていく勇気や思いやりである。リーダーとしての行為と見れば、残雪のリーダー像がより顕在化してきたとも言える。大造に撃つことをやめさせたのは、そのせいであると読める。

そして、傷ついた残雪は、ぬま地に落ちてくる。その後が、クライマックスを含む大造の変容の部分である。

残雪は、むねの辺りをくれないにそめて、ぐったりとしていました。しかし、第二のおそろしい敵が近づいたのを感じると、残りの力をふりしぼって、ぐっと長い首を持ち上げました。そして、じいさんを正面からにらみつけました。

それは、鳥とはいえ、いかにも頭領らしい、堂々たる態度のようでありました。
大造じいさんが手をのばしても、残雪は、もうじたばたさわぎませんでした。それは、最期の時を感じて、せめて頭領としてのいげんをきずつけまいと努力しているようでもありました。
大造じいさんは、強く心を打たれて、ただの鳥に対しているような気がしませんでした。

「残雪は、むねの辺りをくれないにそめて、ぐったり」とあることから、ハヤブサにかなり傷つけられていること、それゆえ飛べないことがわかる。にもかかわらず、大造が近づくと「ぐっと長い首を持ち上げ」ました。そして、じいさんを正面からにらみつけ」る。それを「鳥とはいえ、いかにも頭領らしい、堂々たる態度のよう」と述べる。これはもちろん大造の見方である。また、「大造じいさんが手をのばしても、残雪は、もうじたばたさわ」がない。潔さということであろう。それを語り手は「最期の時を感じて、せめて頭領としてのいげんをきずつけまいと努力しているよう」と見る。これも、そのまま大造の見方と重なる。「最期」は、死に際という意味である。死を覚悟しているということである。

ここでも残雪の新たな側面が見えてくる。賢さに加え勇気、指導力などが見えてきていたが、ここでは大造を目の前にしてこれまでとは別の勇気、潔さ、覚悟などの側面が見えてくる。だから「大造じいさんは、強く心を打たれて、ただの鳥に対しているような気がしませんでした。」となる。これは、展開部の「『ううむ。』～思わず感嘆の声」「『ううん。』と、うなってしまいました」を超える大造の残雪に対する見方の変容である。

そしてクライマックスである。「強く心を打たれて」という明確な表現はこれまでない。「ただの鳥に対しているような気が」しないも、初めてである。「頭領らしい、堂々たる態度」「最期の時を感じて」「頭領としてのいげんをきずつけまい」などからは、大造の残雪への尊敬のようなものも感じられる。まるで人間と人間の関係のような感覚である。

これが、終結部に大造が残雪を逃がす場面にそのままつながる。大造が残雪に語りかける「おうい、ガンの英雄よ」「ひきょうなやり方でやっつけたかあないぞ」「堂々と戦おう」などとのつながりである。当然これらから作品の主題も浮き上がってくる。大造の、残雪という傑出した相手に対する見方の変容、人間と鳥という差を乗り越えた尊敬に近い見方がこの作品の主題である。

4 終結部の形象──爽やかさと主題の深化

終結部は、一冬を越し、ガンが北に帰って行く春が舞台である。ここでも「ある晴れた春の朝でした。」と「らんまんとさいたスモモの花が、その羽にふれて、雪のように清らかに、はらはらと散りました。」の二つの情景が、晴れやかさ、爽やかさを演出する。象徴的でもある。

「じいさんは、おりのふたをいっぱいに開けてやり」残雪を逃がす。その後の大造の残雪への言葉が重要な意味をもつ。

> 「おうい、ガンの英雄よ。おまえみたいなえらぶつを、おれは、ひきょうなやり方でやっつけたかあないぞ。なあ、おい。今年の冬も、仲間を連れてぬま地にやって来いよ。そうして、おれたちは、また堂々と戦おうじゃあないか。」

残雪を「ガンの英雄」「えらぶつ」と呼ぶ。ここからは、既に山場で予想した大造の残雪に対する尊敬の気持ちの可能性という読みが的を射ていることがわかる。

「ひきょうなやり方でやっつけたかあない」「堂々と戦おう」からは、対等な者同士という見方が読める。人間と鳥という枠を超えた強い尊敬の気持ちであろう。これらは、既に山場で読んだ大造の残雪への見方の変容、特別の思い・尊敬という読みを一層強化することになる。

また、ここからは鳥であったとしても、自分が獲物を捕れなくなっている原因をつくっている相手に対しても、「英雄」「えらぶつ」と高い評価ができる大造の人物形象も読める。また、「ひきょうなやり方でやってけたかあない」「堂々」からは、大造の人生観のようなものも垣間見られる。敵対する者同士でも「ひきょうなやり方」は許されない。「堂々と」戦うべきというものの見方・考え方である。「フェア・プレイ」的な精神とも通じるとも読める。「武士道」的な見方・考え方とも通じると読めるかもしれない。

残雪の鳥とは思えない賢さ、身を挺して仲間を救う勇気、危機にあっても敵を恐れずにらみつける高い気力と頭領らしい堂々たる態度、敵に捕らえられる際にも死を覚悟してじたばた騒がない潔さ、威厳を傷つけまいとする冷静な姿勢、それらに大造が強く心を打たれて「ガンの英雄」とまで呼び残雪を解き放つ。そういったことを残雪の行動から読みとり、強く共感し尊敬とも言えるような見方にまで至る大造の人物像そのものも、この作品の主題の一つである。

5　情景描写の象徴性

この作品は、既に指摘しているように、大造の強い思いが現れる場面で肯定的で明るい情景描写が示される。本来、物理的な天気や時間などの様子と人物の見方・考え方そのものには何の関係もない。しかし、それらに意味をもたせる時、情景となり象徴となる。作品の重要な仕掛け・表現の工夫である。

この作品では、次のような情景描写が出てくる。（A～C・阿部）

（二回目のしかけで、タニシを付けたウナギつりばりを、昨日以上にたくさんばらまいた翌日）

秋の日が、美しくかがやいていました。**A**

（三回目のしかけで、タニシをたくさんまいたために、ガンたちが「いちばん気に入りの場所」になったようなので、それを狙って仕留めようとする直前）

あかつきの光が、小屋の中にすがすがしく流れこんできました。**B**

（四回目のしかけで、捕えたガンをおとりとして、残雪たちガンを引きつけ、それを狙って仕留めようとする直前）

東の空が真っ赤に燃えて、朝が来ました。**C**

（終結部で、捕えた残雪を逃がす直前）

ある晴れた春の朝でした。

らんまんとさいたスモモの花が、その羽にふれて、雪のように清らかに、はらはらと散りました。**D**

Ａの「秋の日が、美しくかがやく」からは、秋の紅葉を感じさせる鮮やかな色彩が見えてくる。Ｂの「あかつきの光」は、明け方をあえて古語的・文語的な「あかつき」という表現で述べ、その光が「すがすがしく流れこんで」と爽やかさを演出している。「東の空が真っ赤」は、「西の空が真っ赤」などと違い、朝一番のこれからスタートという新しさ、清心さを感じさせる。事実、朝一番には違いないが、この表現がその肯定性、前向きのトーンを一層強める。「真っ赤に燃えて」はよくある表現とは言え、肯定的な隠喩である。

Dの「ある晴れた春の朝」も、「晴れ」「春」「朝」とそれだけで肯定的な形象を三つ重ねている。「らんまんとさいたスモモの花」の「らんまん」は、「爛漫」であり光輝くように花が咲き乱れている様子である。そこに残雪の羽がわずかに当たり、「雪のように清らかに」散る。物理的には、羽が当たって少し散ったというだけだが、「雪のように」という直喩を使い、「清らかに」とわざわざ表現する。残雪への大造の見方とシンクロしていると読める。「はらはら」は、古語的・文語的な雅な響きである。意味としても軽いものが柔らかに静かに落ちる様であり、優雅さがある。これも残雪への大造の思いと重なる。

これら情景描写が、大造の大きな期待・強い意気込み・清々しい気持ちなどをより読者に印象づける役割を果たしている。特に大きく事件が発展していく節目となる（鍵となる）部分で、これらの情景描写が使われていることの意味も確認しておく必要がある。

「象徴」という効果は、小学校上学年では読みの方法として明確に指導していくべきである。これは、4年生の「一つの花」でも指導できるが、それとはまた違った効果として指導が必要である。

第3節　「大造じいさんとガン」の吟味・評価―吟味よみ

1　明快で爽やかな主題

この作品の前半で大造は、残雪のことを「頭領らしい、なかなかりこうなやつ」とは思ってはいたが、自分の一回目のしかけに成功した後には「たかが鳥のことだ」とも思っている。それが、残雪との関わりを重ね、最後のハヤブサに関わる事件を通して、残雪の鳥とは思えない賢さ、身を挺して仲間を救う勇気、危機にあっても敵を恐れずにらみつける高い気力と頭領らしい堂々たる態度、敵に捕らえられる際にも死を覚悟してじたばた騒がない潔さ、威厳を傷つけまいとする冷静な姿勢、それらに強く心を打たれるまでになる。大造は残雪に強く共感し、尊敬とも言えるような見方にまで至る。大造の残雪に対する見方が大きく変容する。そのことが、まずこの作品の主題を形成する。

同時に、そのような残雪のすごさを強く認識し、共感し尊敬することのできる大造という人物の性格も見えてくる。山場のハヤブサと残雪との戦いの場面は、残雪を仕留める絶好の機会であった。しかし、大造は「なんと思ったか、再びじゅうを下ろして」しまう。また、傷ついた残雪を大造は一冬世話をし、春にはまた逃がす。その際にも残雪を「ガンの英雄」「えらぶつ」と呼び「ひきょうなやり方でやっつけたかあない」「堂々と戦おう」と残雪に語りかける。その大造の人物形象そのものも主題の一部である。

それらの主題を、劇的な事件展開、緻密な人物描写・心内描写などによって見事に描き出している。また、象徴としての情景描写も効果的である。

2 形象を異化する──いくつかの疑問

ただし、一方でいくつかの疑問が出てくる。

まず、クライマックスの部分である。まず「第二のおそろしい敵が近づいたのを感じると、残りの力をふりしぼって、ぐっと長い首を持ち上げました。そして、じいさんを正面からにらみつけました。」からである。「ぐっと長い首を持ち上げ」たのは事実であろう。問題は「じいさんを正面からにらみつけました。」である。鳥がにらみつけるとは、どういう状態を言うのだろうか。相手から視線をそらさないというのはわかる。おそらくこの時の残雪は、大造から目をそらさないでずっとじっと大造の方を見ていたのだろう。

ただし、にらみつけているのと、ただ大造をじっと見続けているのとでは、何がどう違うのだろうか。人間の場合、相手をじっと見続けるだけでは「にらみつける」とは言わない。そこに怒りや攻撃の感情・険しい表情が見えないとにらみつけているとは言わない。鋭い目つきだったり、眉がつり上がっていたりしていないとにらみつけるとはならないはずである。鳥の場合、何をもってただじっと見続けていると、にらみつけると区別するのだろうか。鳥は顔に怒りや攻撃の表情を表す機能はないはずである。羽をいつもとは違うように大きく広げて威嚇をしているとわかる場合などは別だろうが、その場合も顔の表情そのものにはそれは見られないであろう。とすると、事実としては、①残雪が首を持ち上げた→②大造を見てずっと視線をそらさない―ということであって「にらみつけ」たと感じたのは大造である。他の者が見れば、ただじっと大造を見ていたということだけかもしれない。大造には「にらみつけ」たように見えたということである。

それは「頭領らしい、堂々たる態度」にもつながる。これは「のようでありました」という語り手の評価であるが、それはそのまま大造の評価と読める。何をもって「頭領らしい」「堂々たる態度」なのか。具体的な根拠は首を持ち上げじっと視線をそらさない以外には考えられない。

「手をのばしても、残雪は、もうじたばたさわぎませんでした。」も、〈本来ならじたばたさわぐのに冷静だった〉と、これも大造が感じただけである可能性が高い。残雪は、「むねの当たり」から血を流している。飛ぶことができない。肉体的には極限状態である。もう既にじたばたさわぐだけの体力・余力がなかっただけという可能性もある。「最期の時を感じて」「頭領としてのいげんをきずつけまいと努力」も同様に全く具体的な証左があるわけではない。「最期の時を感じて」と右の「じたばたさわぎませんでした」を合わせて読んでみると、身近らの死を予感する→それに対して覚悟をもつ→そして騒がず潔く運命に従うといった「人間像」が見えてくる。たとえばそれは「武士道精神」などと重なってくる。

だから、クライマックスで大造は「強く心を打たれ」「ただの鳥に対しているような気が」しなかったのである。もちろん、「ただの鳥」であるかないかも、大造の判断に過ぎないとも言える。

そう見ていくと、残雪がハヤブサと戦う場面で「残雪の目には、人間もハヤブサもありませんでした。ただ、救わねばならぬ仲間のすがたがあるだけでした。」も、大造はそう考えたというだけであるとしか考えられない。仮に「助けよう」というようなことを鳥なりに感じたとしても、「人間もハヤブサもありませんでした。ただ、救わねばならぬ仲間のすがたがあるだけでした」とまで残雪が考えた根拠はどこにもない。残雪はガンのリーダーとして本能にしたがって、ただ普通に反射的にそう行動しただけかもしれない。

残雪の一連の行動を、大造が「人間もハヤブサもありませんでした。ただ、救わねばならぬ仲間のすがたがあるだけ」と解釈したり、「正面からにらみつけ」たと解釈したり、「じたばたさわ」がないと解釈したり、「最期の時を感じて」と解釈したり、「せめて頭領としてのいげんをきずつけまいと努力している」と解釈したり意味づけたりしているだけという可能性である。もちろん「強く心を打たれて、ただの鳥に対しているような気」がしなかったのも大造の思いである。

そう見ていくと、この作品の重要な箇所は、すべて大造の思い・感じ方だけで成り立っていることがわかる。これは、残雪が人物でないということとも実は深く関わる。つまり、この物語は、大造の思い入れ、もう少し厳しく言えば大造の思い込みのプロットとも読めてくる。大造の、大造による、大造のための物語という可能性である。

終結部にも同様の疑問がある。大造は「ひきょうなやり方でやっつけたかあない」「堂々と戦おう」と言っている。これも、武士道精神、あるいはスポーツのフェア・プレイも感じさせる。しかし、大造の方は罠や銃などを使ってガンたちをおびき寄せたり捕まえたり撃ち殺したりすることができる。しかし、残雪たちは、生身で危険な目に遭わないように飛び回り逃げ回るだけである。まして、大造を襲うことなどありえない。対等の勝負などでは全くない。一方が一方を様々な方法で仕留めようとする、一方は知恵を出してそれを回避するだけという関係でしかない。何をもって「堂々」と言えるのか。少なくとも大造の気持ちの中では「堂々」なのであろうが、これも人間のというより、大造の勝手な意味づけ、思い込みとも読める。

「ひきょう」も、何をもって「ひきょう」とするかでその意味も変わる。ガンを助けている残雪を狙い撃ちするのは、どうも「ひきょう」らしい。罠をしかけること、餌でおびき寄せること、おとりを使うこと、それらは大造の中では「ひきょう」ではないらしい。もちろん一方的に武器を使うことも「ひきょう」ではないのだろう。

いずれにしても、残雪にとっては「ひきょう」とか「ひきょうでない」とかいった価値観は、何も関係ないはずである。これも大造の思い、感じ方、思いこみの世界とも読めてくる。

残雪の勇気、気力、堂々たる態度、覚悟、冷静な姿勢と、それらに強く心を打たれる大造の人物像と変容という要素をより重視して読むか、大造の思い入れ・思いこみの自己完結という要素を重視して読むか、あるいはそれらをともに読むか、それは読者が決めることである。

3　常体と敬体――二つの本文を比較・検討する

本章のはじめに述べたように、この作品には、三つの本文がある。①敬体で前書きが付いたもの　②常体で前書きがないもの　③敬体で前書きがないもの――である。

これらを比較することで質の高い吟味が可能となる。

ここでは、敬体と常体の比較をしてみる。一年目に、大造のつりばり糸のしかけが失敗に終わる場面がある。そこの比較である。

まず常体からである（注2）。

つりばりをしかけておいた辺りで、確かにがんがえをあさったけいせきがあるのに、今日は一羽もはりにかかっていない。

いったい、どうしたことだろう。

気をつけて見ると、つりばりの糸が、みな、ぴいんと引きのばされてある。

がんは、昨日の失敗にこりて、えをすぐには飲みこまないで、まずくちばしの先にくわえて、ぐうと引っぱってみてから、異常なしとみとめると、初めて飲みこんだものらしかった。

これも、あの残雪が仲間を指導してやったにちがいない。

「ううむ！」

大造じいさんは、思わず、感嘆の声をもらしてしまった。

次は敬体の本文である（注3）。

つりばりをしかけておいた辺りで、確かに、ガンがえをあさった形跡があるのに、今日は一羽もはりにかかっていません。いったい、どうしたというのでしょう。

気をつけて見ると、つりばりの糸が、みなぴいんと引きのばされています。

ガンは、昨日の失敗にこりて、えをすぐには飲みこまないで、まず、くちばしの先にくわえて、ぐうと引っ張ってみてから、いじょうなしとみとめると、初めて飲みこんだものらしいのです。これも、あの残雪が、仲間を指導してやったにちがいありません。
「ううむ。」
大造じいさんは、思わず感嘆の声をもらしてしまいました。

内容的にはほぼ同じだが、かなり印象が違う。特に、大造の心内語、つまり心の中で考えたことに着目して比較してみたい。たとえば常体「いったい、どうしたことだろう。」と、敬体「いったい、どうしたというのでしょう。」を比べてみる。これは、直接には語り手の言葉である。しかし、同時に大造の見方とも重なっている。大造の見方を代弁していると言ってもいい。いずれも、その役割は果たしているが、どちらが大造の心内語であることを強く感じさせるかである。

いったい、どうしたことだろう。

いったい、どうしたというのでしょう。

大造は、実際の会話（せりふ）では敬体は一度も使っていない。どれが実際の会話（せりふ）か判別できにくい部分もあるが、すべて常体である。とすると、常体の方がその大造の会話文体と重なってくる。つまり、常体の方が語り手の言葉であることを超えて、大造の心内語にもなっていることをより強く読者に感じさせる傾向にある。「いったい、どうしたというのでしょう。」より「いったい、どうしたことだろう。」の方が、これが（語り手の見方であると同時に）大造の見方でもあることをより明確に読者に印象づける効果が高い。

常体の「今日は一羽もはりにかかっていない。」や「ぐうと引っぱってみてから、異常なしとみとめると、初めて飲みこんだものらしかった。」「これも、あの残雪が仲間を指導してやったにちがいない。」なども、敬体「今日は一羽もはりにかかっていません。」「ぐうと引っ張ってみてから、いじょうなしとみとめると、初めて飲みこんだものらしいのです。」「これも、あの残雪が、仲間を指導してやったにちがいありません。」より、大造の見方であることを読者により強く感じさせる。

「2」の部分の常体「その群れは、ぐんぐんやってくる。」も、敬体「その群れは、ぐんぐんやって来ます。」より、大造の見方を前面に押し出すことになっている。

だからであろう。三年目の場面における大造の心の中の「さあ、いよいよ戦闘開始だ。」は、常体版ではカギ括弧なしに地の文と同じように記されているのに対し、敬体版ではそこにカギ括弧がついて「さあ、いよいよ戦闘開始だ。」となっている。

だから常体版の方が優れていると言おうとしているわけではない。大造の心内語であることがよりわかりやすい常体版に対して、大造の心内語ではあるが、語り手の言葉でもあることを前面に押し出す形の敬体も、また面白い効果を発揮している。敬体であることで、語り手と大造との一体性が相対的に弱くなり、それゆえに語り手の存在をより強く読者に感じさせるという効果を生んでいる。つまり、敬体であることで、語り手と大造とはある程度までは一体ではありつつも、一方では一定の距離を感じさせる効果が生まれている。

これは、前書きとも関わる。前書きでは「わたし」が大造じいさんから聞いた話を土台として物語を書いたこと、それをこれから示すことを明記している。「わたし」という語り手がより前面に出る構造である。とすると、物語の中身の部分でも語り手がより前面に見えている敬体の方が前書きとの親和性が高いとも言える。これは、大造から見た残雪とのドラマであると同時に、「わたし」から見た大造と残雪のドラマでもあることが強調される。

いずれを高く評価するかは、読み手によって（子どもによって）違ってよいはずである。

〈注〉

(1) 本文は、小学校国語教科書『国語五』二〇一五年、光村図書による。

(2) 小学校国語教科書『小学国語　５上』二〇一五年、教育出版

(3) 前掲書(1)に同じ。

第六章　「海の命」（立松和平）

「海の命」は、太一の物語である。太一は漁師の家に生まれ、自分も漁師になることを望んできた。特にもぐり漁師である父にあこがれて育ってきた。父は二メートルもあるクエを仕留めてきた。しかし、その父が巨大なクエを捕ることに失敗し亡くなる。そこから太一にとって巨大なクエが父の敵《かたき》となる。

ただし、この物語はただの敵討ちの話ではない。太一は、父と対照的な漁をする与吉に弟子入りする。与吉は父と違い一本づりの漁師である。与吉は「千びきに一ぴきでいいんだ。千びきいるうち一ぴきをつれば、ずっとこの海で生きていけるよ。」と言いつつ、必要のない漁はしない。太一は、与吉も尊敬してきた。しかし、自分が目指す漁は父のもぐり漁であった。

そんな中、長年追い求めてきた巨大なクエ、父の敵と思われるクエと遭遇する。「追い求めているうちに、不意に夢は実現するものだ。」から山場に入りクライマックスに至る。そこで太一に自分自身でも考えなかった変化が生まれる。

「海の命」は、立松和平の作品である。立松和平（一九四七〜二〇一〇年）は、現代を代表する小説家である。「海の命」は、一九九二年に『海の命』（立松和平作・伊勢英子絵）（ポプラ社）として単行本で刊行された。

教科書には一九九六年に掲載された。光村図書と東京書籍の小６国語である。その後、現在まで同二社は掲載を続けている。ただし、東京書籍は「海のいのち」として掲載している（注１）。

第1節　「海の命」の構成・構造―構造よみ

「海の命」は導入部―展開部―山場―終結部という典型的な四部構成の作品である。クライマックスは、長年追い求めていたクエを殺すことをやめる部分である。それを含む作品構造は、165頁のとおりである。

1　発端―太一の弟子入り

父がクエ漁の際に亡くなったことを述べた部分の後に、太一が与吉の弟子になる場面がある。そこがこの作品の発端である。次の箇所である。

> 中学校を卒業する年の夏、太一は与吉じいさに弟子にしてくれるようにたのみに行った。与吉じいさは、太一の父が死んだ瀬に、毎日一本づりに行っている漁師だった。
> 「わしも年じゃ。ずいぶん魚をとってきたが、もう魚を海に自然に遊ばせてやりたくなっとる。」
> 「年を取ったのなら、ぼくをつえの代わりに使ってくれ。」

「中学校を卒業する年の夏、太一は与吉じいさに弟子にしてくれるようにたのみに行った。」から事件が動き出す。この一文はまだ説明的要素があるが、その直後に「わしも年じゃ。ずいぶん魚をとってきたが、もう魚を海に自然に遊ばせてやりたくなっとる。」「年を取ったのなら、ぼくをつえの代わりに使ってくれ。」という会話がある。ここから太一は与吉の弟子になる。描写的な書き方で、ここから事件に入っている。

その直前の「ある日、父は、夕方になっても帰らなかった。」から始まる父の突然の死も、一つの出来事ではある。しかし、そこは説明的な書き方であるし、何より「光る緑色の目をしたクエがいたという。」と伝聞になっている。また、父の死の出来事と「中学校を卒業する年の夏」との間が一行空けになっている。ここはまだ事件展開以前の導入部の先行事件と見るのが自然である。

「中学校を卒業する年の夏」から始まる太一と与吉との関わりは、一見するとこの作品の中心的なプロット〈太一とクエの関係性〉とは無関係のようにも思えるが、実はここでの太一と与吉の関わりがクライマックスの太一の変化に大きく関係することが後にわかる。展開部の重要な伏線である。そこまで踏み込まなくても、太一と与吉の関わり自体が、この作品のプロットの一つであることは間違いない。太一の事件の一つとして展開部に位置づけることができる。

「海の命」の発端の特徴を整理すると、次のようになる。

「海の命」の発端の特徴（着目の指標）

1　太一と与吉との関わりという事件前半が始まる。**（主要な事件の始まり）（主要な人物同士の関わり）**

2　与吉への弟子入りは、太一にとって初めての経験である。**（非日常）**

3　それ以前は「こう言ってはばからなかった。」などと繰り返し行われていたことを説明的に述べている。父の死は、一つの出来事ではあるが、説明的要素が強い。また、伝聞の書き方になっている。それに対し、「中学校を卒業する年の夏」からは、太一の与吉への弟子入りと、それに関わる会話文があり描写的になっている。**（説明的→描写的）**

4　一行空けも（根拠としては副次的ではあるが）、大きな切れ目を示す。**（表現上の効果）**

2 クライマックス―太一の変容

クライマックスは、太一が長年追い求めてきた父の敵と思われる巨大なクエと遭遇する部分にある。「追い求めているうちに、不意に夢は実現するものだ。」から山場に入りクライマックスに至る。そこで太一に不思議なことが起こる。自分自身でも考えていなかった変化が生まれ、太一はクエをとろうとすることをやめる。

「おとう、ここにおられたのですか。また会いに来ますから。」
こう思うことによって、太一は瀬の主を殺さないで済んだのだ。

導入部のエピソードで、クエ漁の際に父が死んだことが述べられる。クエが人間を襲うことはないが、父が巨大なクエを仕留めようとして絶命したということは、クエは父の敵であるという意味をもつ。少なくとも太一にとってはそういうものとして巨大なクエが存在し続けていたことが読める。それ以来、長く「追い求めて」きた巨大なクエにとうとう遭遇し、やっと父の敵を討つ機会が巡ってきた。

にも関わらず、なぜか太一はクエを殺すことをやめる。この作品の事件の決定的な節目の部分と読める。意外性という点でも読者に与える衝撃は大きい。形象よみのところで詳しく読むが、ここでは太一のものの見方・考え方、生き方の変容が予想される。また、会話を含み、高い描写性をもつ。

実際の授業では、このクライマックスに関わって「なぜ太一は瀬の主を殺すことをやめたのか。」という学習課題が設定されることが多い。適切な学習課題である。もちろん「瀬の主(巨大なクエ)を父と思った。」などという読みとりではいけないが、山場の太一の混乱、展開部の太一と与吉の関わり、母の心配、さらにはこの後の終結部などに着目しつつ丁寧に作品を読んでいけば、その答えは少しずつ見えてくる。クライマックスの変化の意味を問うことで、作品全体のプロットが見通せる。またそこから自然とこの作品の主題が見えてくる。それらの意味でクライマックスが重要な鍵となる。（それらについては、この後の「形象よみ」で解明していく。）

「海の命」のクライマックスの特徴を整理すると、次のようになる。

「海の命」のクライマックスの特徴（着目の指標）

1 クエをとるという太一が長年願い続けてきたことを、なぜかここでやめることを決める。**（事件が決定的）**

2 太一がクエをとることをやめるという意外な行動が読める。また、読者にはその理由が一見してわかりにくい。**（読者の予想を裏切る・不可解さ→読者へのアピールの強さ）**

3 会話を含み、極めて描写が濃い。**（描写の密度の濃さ）**

4 太一の生き方の変容という主題に深く関わる。**（主題との深い関わり）**

3 山場の始まりと結末そして終結部

クライマックスから逆算していけば、自ずと山場の始まりは見えてくる。山場は、既に指摘しているとおり「追い求めているうちに、不意に夢は実現するものだ。」から始まる。ここから、太一が長い間求めていた巨大なクエに向かう。そして、クライマックスで意外な変化が訪れる。

事　件（発端から結末まで）

導入部　｜　展開部　｜　山　◎　場　｜　終結部

冒頭　父もその父も、その先ずっと顔も知らない父親たちが住んでいた海に、――

発端　中学校を卒業する年の夏、太一は与吉じいさに弟子にしてくれるようにたのみに行った。――

山場の始まり　追い求めているうちに、不意に夢は実現するものだ。――

クライマックス　「おとう、ここにおられたのですか。また会いに来ますから。」／こう思うことによって、太一は瀬の主を殺さないで済んだのだ。

結末　――大魚はこの海の命だと思えた。

末尾　――もりを打たなかったことは、もちろん太一は生涯だれにも話さなかった。

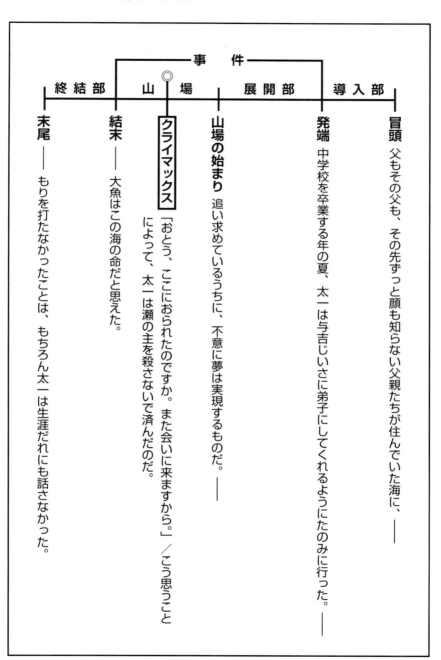

結末は、クライマックスとほぼ重なる。さきほどのクライマックス直後の「大魚はこの海の命だと思えた。」が結末である。その後は一行空けになり、次の終結部がある。典型的なあとばなし（後日談）であり、それまでのある日ある時の描写と違い、説明的になっている。

> やがて、太一は村のむすめとけっこんし、子どもを四人育てた。男と女と二人ずつで、みんな元気でやさしい子どもたちだった。母は、おだやかで満ち足りた、美しいおばあさんになった。
> 太一は村一番の漁師であり続けた。千びきに一ぴきでしかとらないのだから、海の命は全く変わらない。巨大なクエを岩の穴で見かけたのにもりを打たなかったことは、もちろん太一は生涯だれにも話さなかった。

第2節 「海の命」の形象・技法―形象よみ

1 導入部の形象―伏線としての人物設定と先行事件

導入部で何よりも着目すべきは「人物」である。この作品では主要人物である太一の人物像が重要な意味をもつ。また、それと関わり太一の父の人物像も重要である。さらに、父が巨大なクエを捕ろうとして命を落とす経緯が伝聞のかたちで示されている。導入部前半でそれらのことがよくわかるのは、次の部分である。その中でも傍線部分が鍵となる。（傍線・阿部、以下傍線は阿部）

「ぼくは漁師になる。おとうといっしょに海に出るんだ。」

子どものころから、太一はこう言ってはばからなかった。

父はもぐり漁師だった。潮の流れが速くて、だれにももぐれない瀬に、たった一人でもぐっては、岩かげにひそむクエをついてきた。二メートルもある大物をしとめても、父はじまんすることなく言うのだった。

「海のめぐみだからなあ。」

不漁の日が十日続いても、父は少しも変わらなかった。

「ぼくは漁師になる。おとうといっしょに海に出るんだ。」という言葉を「はばから」ずに言う太一である。漁師への強い決意と、父への強い思いが読める。父を強く尊敬する太一、または父に強くあこがれている太一像である。

その父は「だれにももぐれない瀬に、たった一人でもぐっては、岩かげにひそむクエをついてきた。」他の漁師の追随を許さない村一番の漁師であることが窺える。それだけの技量をもち、また勇気もあるらしいことがわかる。おそらくそのことへの自負（自信と誇り）を父がもっていた可能性が高い。だからこそ太一は父に一層あこがれ、尊敬していた可能性が高い。

「二メートルもある大物をしとめても、父はじまんすることなく言うのだった。／『海のめぐみだからなあ。』」からは、村一番であることを威張らない自慢しない謙虚さが読める。それも太一に一層のあこがれをもたせ尊敬をさせる要素と言える。（正直なところやや出来過ぎの父親像という印象だが、これらは語り手の言葉であると同時に太一の見方でもある。少なくとも太一にとってはそういう父であった。）

導入部で着目すべきは「人物」であるが、この導入部ではそれだけでなく、これから展開部以降で動き始める事件に先行する重要な出来事が示されている。父の死である。

ある日、父は、夕方になっても帰らなかった。空っぽの父の船が瀬で見つかり、仲間の漁師が引き潮を待ってもぐってみると、父はロープを体に巻いたまま、水中でこときれていた。ロープのもう一方の先には、光る緑色の目をしたクエがいたという。

「父はロープを体に巻いたまま、水中でこときれていた。」から、次の四つのことが読める。

① クエを仕留めようとしていた（殺そうとした）父は、クエに殺されるかたちとなる。
② ただし、クエが父親を襲ったわけではない。
③ 父の村一番としての漁師の自負・プライドが無理をさせた可能性がある。
④ ここから太一にとっては――
A 父への尊敬が一層高まった可能性がある。
B 「父を殺したクエ」という関係性が生まれる→おそらくは太一はクエを父の敵《かたき》と考え始める。

展開部以降の事件展開にとって四つ目の要素は特に重要である。太一が、父はクエに殺されたと思っていたかどうかはこの導入部と展開部前半でも明示されない。しかし、ここまで父にあこがれ父を尊敬していた太一が、クエに敵という気持ちをもつであろうことは十分想像される。そして展開部の後半での母の言葉「おまえが、おとうの死んだ瀬にもぐると、いつ言いだすかと思うと、私はおそろしくて夜もねむれないよ。おまえの心の中が見えるようで。」からそれがかなりの程度間違いでないことがわかる。さらに山場の始まりの「追い求めているうちに、不意に夢は実現するものだ。」でそれが一層はっきりする。

この作品の導入部は、以上のように太一の父への強いあこがれと尊敬、そして父の敵としてのクエの存在という二つの要素からなっている。典型的な伏線としての人物像であり、先行事件である。

2　展開部の形象—太一と与吉、太一と母、太一とクエ

展開部では、人物と人物が関わり合いながら事件が発展していく。この作品の展開部の前半では、太一と与吉との関わりによって事件が展開・発展する。これは、山場のクライマックスで太一が変化することにつながる重要な伏線となる。

展開部前半でまず着目すべき「事件の発展」は次の部分である。その中でも傍線部分はクライマックスにもつながる大きな伏線となる。

> つりをしながら、与吉じいさは独り言のように語ってくれた。
> 「千びきに一ぴきでいいんだ。千びきいるうち一ぴきをつれば、ずっとこの海で生きていけるよ。」
> 与吉じいさは、毎日タイを二十ぴきとると、もう道具を片づけた。

「千びきに一ぴきでいいんだ。千びきいるうち一ぴきをつれば、ずっとこの海で生きていけるよ。」という言

葉の意味は大きい。ここには、与吉の漁のあり方、漁師の生き方についての見方・考え方が端的に示されている。「千びきいるうち一ぴきをつれば、ずっとこの海で生きていける」からは、生活をするための最低限の漁で十分であるという見方・考え方が読める。その見方・考え方は、少し前の「もう魚を海に自然に遊ばせてやりたくなっとる。」からも読める。

「毎日一本づりに行っている漁師」から、与吉は父とは違い「一本づり」の漁師であることがわかる。巨大なクエを生活の糧を超えてもりで仕留めようとするもぐり漁師の父と、必要なだけでいいという一本釣りの与吉とは、漁師としてのあり方に大きく差異があることがわかる。

太一は、父も与吉も尊敬している。どちらの生き方も否定はしていない。しかし、この時点でも太一はもぐり漁師である父の漁師としての生き方にこそあこがれ、尊敬をしている。そしておそらくは〈父を殺したクエ〉という太一とクエの関係性は継続している。

展開部後半で、太一の母がそういった太一の姿に懸念を示す。母はここでしか登場しない。わずかな登場だが、これもまた物語の重要な伏線となる。着目すべきは次の中の特に傍線部分である。

> ある日、母はこんなふうに言うのだった。
> 「おまえが、おとうの死んだ瀬にもぐると、いつ言いだすかと思うと、私はおそろしくて夜もねむれないよ。おまえの心の中が見えるようで。」
> 太一は、あらしさえもはね返す屈強な若者になっていたのだ。太一は、そのたくましい背中に、母の悲しみさえも背負おうとしていたのである。

「おとうの死んだ瀬にもぐると、いつ言いだすかと思うと、私はおそろしくて夜もねむれないよ。おまえの心の中が見えるようで。」からは、次の四つのことが読める。

①　太一の「心の中」とは、自分が瀬の主（巨大なクエ）を仕留め殺すことを強く願い続けている。つまりは、太一が瀬の主を父の敵と見ている可能性が高い。それを母は知って心配している。

②　太一の父つまり夫と同じように息子・太一が瀬の主を仕留めようとしていることへの強い懸念を、母はもっている。

③　太一の父つまり夫と同じように息子・太一がクエのために無理をして死んでしまうことへの恐怖を、母はもっている。

④　母が太一の父つまり夫の死をどう見ているかが垣間見られる。導入部では「ある日、父は、夕方になっても帰らなかった。」「父はロープを体に巻いたまま、水中でこときれていた。」と書かれているだけだが、その時に太一の母が受けたであろう衝撃の大きさが見える。さらに踏み込めば、夫はもぐり漁師としての誇りと意地を通し続けて死んでいったということかもしれないが、残された妻にしてみればあまりにも身勝手で残酷な生き方ということになるかもしれない。それと同じことを太一に繰り返してほしくないという母の強い願いである。

そして、「太一は、そのたくましい背中に、母の悲しみさえも背負おうとしていた。」とある。「背負おうとしていた」は少しわかりにくい。ここでは、太一は母の「悲しみ」そして懸念や恐怖をそれなりに理解していたと読める。ただし、にもかかわらず父へのあこがれや尊敬は継続している。「父の敵としてのクエ」という関係性は消えていない。瀬の主を仕留めるつまり殺すことをやめようとは考えていない。ということは、母の「悲しみ」を理解しつつ、気遣いつつ、しかし自分の強い思いをもち続けていると読める。だから、次のようなことになる。特に傍線部が重要である。

> 太一が瀬にもぐり続けて、ほぼ一年が過ぎた。父を最後にもぐり漁師がいなくなったので、アワビもサザエもウニもたくさんいた。激しい潮の流れに守られるようにして生きている、二十キロぐらいのクエも見かけた。だが、太一は興味をもてなかった。

「二十キロぐらいのクエも見かけた。だが、太一は興味をもてなかった」とあるのだから、父を殺した瀬の主（巨大なクエ）への太一の強いこだわりが読める。そして、それは太一が父と同じ生き方をしようとしていること、そういう漁師になってきていることを示す。

3 山場の形象―クライマックスに向かっての太一の変容

山場でまず着目すべき「事件の発展」は次の部分である。

> 追い求めているうちに、不意に夢は実現するものだ。

「追い求めているうちに、不意に夢は実現」の「夢」とは、瀬の主である巨大なクエを仕留めること、殺すことである。「追い求めている」とあることから、やはり太一はそのことを強く願い続けていたことがはっきりする。「父の敵」という見方は、ずっと長く継続していたことになる。その意味で「母の悲しみ」は勘違いではなかったことになる。

太一が子どもの頃に父を亡くしてからだから、少なくとも十数年間はそう強く思い続けていたことになる。巨大なクエと出会った太一であるが、そのクエの目が太一には「黒いしんじゅ」のように見える。以下は三人称話者の語りによるが、同時にこの時の太一のクエに対する見方とかなりの程度重なっている。

ひとみは黒いしんじゅのようだった。刃物のような歯が並んだ灰色のくちびるは、ふくらんでいて大きい。

まず「刃物のような歯が並んだ灰色のくちびる」からは、クエの怖さ・恐ろしさが感じられる。「刃物」「灰色」とともに、恐ろしさ・不気味さが読める。クエは実際には人間を襲うような魚ではない。しかし、この時の太一にはそういうものとして見えていたと読める。

「ひとみは黒いしんじゅのようだった。」は、「刃物のような歯が並んだ灰色のくちびる」と関わらせて読まないといけない。そうすると、「黒いしんじゅ」は、一面美しくもあるかもしれないが、ここでは不気味で怖さを感じるものと読める。これが、この少し後になると「おだやかな目」に変わる。太一のクエに対する見方が変化していくことがわかる。

以下を見ると、この時の太一は、しかし強い恐怖を感じてはいない。

興奮していながら、太一は冷静だった。これが自分の追い求めてきたまぼろしの魚、村一番のもぐり漁師だった父を破った瀬の主なのかもしれない。

「興奮」は、長い間もち続けていた「夢」の実現への強い気持ちである。父を殺した敵である瀬の主を仕留め殺すことへの強い気持ちである。「冷静」なのは、太一の漁師としての経験、「村一番の漁師」としての力・自信であろう。展開部前半で、太一は与吉から「自分では気づかないだろうが、おまえは村一番の漁師だよ。太一、ここはおまえの海だ。」と言われている。与吉にとっては太一は村一番の漁師かもしれないが、まだクエを仕留めていないのだから、太一自身は納得できていない。

十数年間仕留めることを強く思い続けてきた巨大なクエつまり父の敵と遭遇し、長い間の「夢」を果たすことができる絶好の機会を太一は得ていることになる。しかし、太一に変化が生まれる。その変化の先にクライマックスがある。

> もう一度もどってきても、瀬の主は全く動こうとはせずに太一を見ていた。おだやかな目だった。この大魚は自分に殺されたがっているのだと、太一は思ったほどだった。これまで数限りなく魚を殺してきたが、こんな感情になったのは初めてだ。この魚をとらなければ、本当の一人前の漁師になれないのだと、太一は泣きそうになりながら思う。
> 水の中で太一はふっとほほえみ、口から銀のあぶくを出した。もりの刃先を足の方にどけ、クエに向かってもう一度えがおを作った。
> 「おとう、ここにおられたのですか。また会いに来ますから。」
> こう思うことによって、太一は瀬の主を殺さないで済んだのだ。大魚はこの海の命だと思えた。

ここで太一は大きく変化をする。時間にすると、ほんのわずかのことである。

まず、さきほど述べたが、クエの目が太一にとって「おだやかな目」に変わる。次にそれまで「興奮」しながらも「冷静」であった太一が「泣きそうにな」る。そして、「ほほえみ」「えがおを作」る。「冷静」→「おだやか」→「泣きそう」→「ほほえみ」「えがお」——と、太一の気持ちが大きく揺れている。混乱と言ってもいいくらいである。「泣きそう」の直前には「こんな感情になったのは初めてだ。」とある。与吉に「村一番の漁師」と言われるだけの力をもった太一が、これまで一度も感じたことのない境地に至る。生まれて初めての感情をもつことになる。その先に、「太一は瀬の主を殺さないで済んだのだ。」という百八十度の変化がある。

それにしても、この変化はなぜ起こったのか。この揺れ・混乱をどう解釈したらいいのか。クライマックスを見ると、この太一の揺れ・混乱は、クエを殺すか殺さないかの揺れであることが見えてくる。（それは、既に指摘した「なぜ太一は瀬の主を殺すことをやめたのか」という学習課題の解明と重なる。）

何よりクライマックスの二つの文に着目する必要がある。

> 「おとう、ここにおられたのですか。また会いに来ますから。」
> こう思うことによって、太一は瀬の主を殺さないで済んだのだ。

「おとう、ここにおられたのですか。」からは、このクエを父だと思った、あるいは父の化身だと思ったと読めそうである。しかし、そうだとしたら「こう思うことによって」「殺さないで済んだ」と整合しない。「こう思うことによって」ということは、つまり太一はそのとおり本当にそう思ってはいなかったということである。「こう思うこと」でということは、実際にそのとおり思っているわけではないが、そう仮に思うことによってと読める。言い換えると自分に言い聞かせるように、自分にそう思わせようとしたということである。「殺さないで済んだ」も、「済んだ」とある以上、殺さなければいけないという自分を制止し、殺さないようにすることができたということである。

ここは単純に「太一は瀬の主を殺すことをやめた。」と書くこともできたかもしれない。しかし、この時点ではまだ「この魚をとらなければ、本当の一人前の漁師にはなれない」と思う自分（太一）も一方では間違いなくいる。父の敵であるクエを殺さなければならないという自分である。しかし、もう一方ではクエの目が「おだやか」に見え「泣きそうになり」「ほほえみ」「えがおを作」ろうとする自分（太一）もいる。ここで太一はクエを殺そうとする自分と、クエを殺してはいけないという自分との間でせめぎ合っている。殺してはいけないという自分が、殺さなければいけないという自分に「おとう、ここにおられたのですか。」と思わせることによって（言い聞かせることによって）、殺すことをやめさせたということである。

そして、そのことはこの山場だけを見るのではなく、展開部に戻ることでよりはっきりとしてくる。終結部に目を向けるとそれはさらに明確になる。

既に見てきたように展開部前半で太一と与吉の関わり合いがある。その中で与吉は太一に「独り言のように」「千びきに一ぴきでいいんだ。千びきいるうち一ぴきをつれば、ずっとこの海で生きていけるよ。」と語っている。この時は、与吉の言葉を聞きながらも父の生き方に強くあこがれていた太一だった。しかし、巨大なクエを前にして（もちろん多くの経験や力を身につける中で）与吉の生き方が太一の中で無視できないものとして大きくなってきたと読める。さらには、展開部後半の母の言葉「おまえが、おとうの死んだ瀬にもぐると、いつ言いだすかと思うと、私はおそろしくて夜もねむれないよ。おまえの心の中が見えるようで。」も間接的には太一に響いていたのかもしれないとも読める。

それを証明するように終結部は次のようになっている。

やがて、太一は村のむすめとけっこんし、子どもを四人育てた。男と女と二人ずつで、みんな元気でやさしい子どもたちだった。母は、おだやかで満ち足りた、美しいおばあさんになった。

太一は村一番の漁師であり続けた。千びきに一ぴきしかとらないのだから、海の命は全く変わらない。巨大なクエを岩の穴で見かけたのにもりを打たなかったことは、もちろん太一は生涯だれにも話さなかった。


「太一は村一番の漁師であり続けた。千びきに一ぴきしかとらないのだから、海の命は全く変わらない。」は、与吉の漁師としての生き方を太一が受け継いでいることを示している。さきほどのクライマックスの二文の後に「大魚はこの海の命だと思えた。」とあるが、この終結部でも「海の命は変わらない。」とつながっていることがわかる。もちろんこれはこの作品の題名「海の命」とつながる。そして、クライマックスでは揺れていた太一であるが、ここではっきりと与吉の生き方を選択したことがわかる。そして、「母は、おだやかで満ち足りた、美しいおばあさんになった。」とある。母の心配に太一が応えたからこその母の姿と読める。

父のような「だれにももぐれない瀬に、たった一人でもぐっては、岩かげにひそむクエをつ」く漁師としての生き方から、与吉のように「千びきに一ぴきしかとらない」漁師としての生き方への変容ということである。大物のクエをとることは、漁師にとっての誇りともなりうる。クエは高級魚であり、実際にかなり高く売れもする。しかし、クエをとらないと生きていけないわけではない。父の生き方を強く否定するというかたちは取っていないものの、太一はその生き方を選ばなかった。それがこの作品の中心的な主題である。

第3節 「海の命」の吟味・評価—吟味よみ

1 二人の人物の生き方から主題が見えてくる

「海の命」では、ともに善良で真摯でありながらも、全く対照的な生き方をする二人の人物（父と与吉）が重要な意味をもっている。その二つの生き方が、主人公・太一の中で交錯する物語である。これは、ここで取り上げられている漁師の仕事に限ったことではない。多くの仕事に携わる人間にもあてはまる特徴的で対照的な生き方の二つの典型とも言える。

また、自然に人間がどう関わるかについての対照的な二つのあり方とも読める。生活に必要であるかどうかを越え、簡単には攻略できない自然に挑み成果を上げていくというあり方と、必要最小限の範囲で自然の恵みをいただいていくというあり方との対照である。前者も、それが直ちに資源枯渇につながるような乱獲であれば問題だが、そうでなければ一概に否定されるべきものとも言い切れない。しかし、自然への関わり方に大きな違いがある。

それらの対照を、わかりやすい人物設定と事件展開で描いた優れた作品と言える。

2 太一は父の生き方とどう向き合ったのか

山場で太一は、「おとう、ここにおられたのですか。」と父に敬語を使っている。父的な生き方から与吉的な生き方に変容しつつあるこの時にも、父への敬意は失わない。また終結部には「巨大なクエを岩の穴で見かけたのにもりを打たなかったことは、もちろん太一は生涯だれにも話さなかった。」とある。これは、一つには父の生き方をここで捨てたこと、乗り越えたことを誰にも話さないで自分だけが大事にしていったという意味をもつ。そして、ここからも父への敬意が読める。

クライマックスでは、それでも「こう思うことによって」「殺さないで済んだのだ。」などからわかるように、まだ巨大なクエを殺さなければならないという自分と、殺してはいけないという自分との葛藤がある。しかし、終結部では「千びきに一ぴきしかとらないのだから、海の命は全く変わらない。」とあるように、太一は与吉的な生き方を明確に選択していることがわかる。にもかかわらず、父への気遣いも読める。父のような生き方はしないと決めた一方で、父への強い敬意は継続してもち続けている。

それこそが、太一の優しさであり、度量の大きさであろう。ただし、父への敬意はよいとしても、自分が父的な生き方を選択しなかったことを誰にも明言しないという選択は本当に妥当なものなのかという疑問も残る。父への敬意はもちつつも、自分は父的な生き方ではなく与吉的な生き方を選択した。だから、巨大なクエと出会った時もそれを殺さなかったと、なぜ明言できないのかという疑問である。もっと意識的に父の生き方と対峙して、否定すべき部分・批判すべき部分は明言するというあり方も選択肢としてはありえたのかもしれない。母はもしかしたら、そちらを喜んだかもしれないとも思う。

たとえばそういった観点での吟味があってもよいはずである。

3　終結部の太一の家族像をどう見るか

次に、終結部の後日譚で述べられる太一の家族像である。繰り返しになるが、終結部は次のとおりである。

やがて、太一は村のむすめとけっこんし、子どもを四人育てた。男と女と二人ずつで、みんな元気でやさしい子どもたちだった。母は、おだやかで満ち足りた、美しいおばあさんになった。

太一は村一番の漁師であり続けた。千びきに一ぴきしかとらないのだから、海の命は全く変わらない。巨大なクエを岩の穴で見かけたのにもりを打たなかったことは、もちろん太一は生涯だれにも話さなかった。


なぜ、ここでわざわざ太一の家族構成まで示したのか。そのことの意味について考えてみる。

「おまえが、おとうの死んだ瀬にもぐると、いつ言いだすかと思うと、私はおそろしくて夜もねむれないよ。おまえの心の中が見えるようで。」と言っていた母が、太一の生き方の選択に関連して「おだやかで満ち足りた、美しいおばあさんになった。」となることには必然性もあり、納得のいく書かれ方である。

「村のむすめとけっこんし、子どもを四人育てた。男と女と二人ずつで、みんな元気でやさしい子どもたちだった。」にはどういう意味があるのか。おそらくは、一人前の漁師として「千びきに一ぴきしかとらない」生き方を選択したことで、太一は自らのこだわりのために特に命をかけるようなことはしない。また、おだやかで落ち着いた漁師としての生活を送るようになった。それゆえに、結婚もし、四人の子どもにもめぐまれ、いずれもが「元気でやさしい子ども」に育ったというようにつながるのであろう。それはそれでわからなくはない。

しかし、少し「デキスギ」とも思えてしまう。与吉的な生き方を選択したことの積極的な意味はそれでよいとしても、それを結婚、四人の子どもを授かる、「みんな元気でやさしい子ども」という家族像に予定調和的に無理につなげなくてもよいのではとも考えられる。独身で母一人子一人の生活でもいいし、結婚しても子どもができなかったとなってもいいはずである。何をもって「元気でやさしい」というかは難しいが、四人ともが「元気」でなくても、特に「やさしく」なくてもいいはずではないか。「男と女と二人ずつ」もデキスギ感をより強く抱かせる。この後日譚ゆえに、この作品が甘い中途半端なキレイゴトに感じられるという側面があるとも言える。その意味で、「母は、おだやかで満ち足りた、美しいおばあさんになった。太一は村一番の漁師であり続けた。千びきに一ぴきしかとらないのだから、海の命は全く変わらない。」だけの終結部の方がかえってすっきりしたのかもしれないという見方もありうるかもしれない。

4　クライマックスのとらえにくさをどう評価するか

この作品のクライマックスは、既に読んだおとり次の部分である。このクライマックスをめぐって、かなり無理やりをな読みとりが展開されている授業がある。

> 「おとう、ここにおられたのですか。また会いに来ますから。」
> こう思うことによって、太一は瀬の主を殺さないで済んだのだ。大魚はこの海の命だと思えた。

この部分は、六年生の授業で「太一は、巨大なクエを父だと思った。」「巨大なクエが父に見えてきた。」という読みとりをされることが多い。「おとう、ここにおられたのですか。」だから、そう読むのも無理はない。しかし、そうだとすると「こう思うことによって」「殺さないで済んだ」とのつじつまが合わない。「こう思うことによって」「殺さないで済んだ。」とあるのだから、本当にそう思ったのではない。そういうことにする。

そう自分に言い聞かせると読める。この時、太一は巨大なクエをとらなければならないという自分と、とってはいけないという自分との間で揺れていた。ここでは後者が勝りつつあったのではあるが、まだ前者の見方も残っている。だから、「こう思うことによって」殺そうとする自分を押し止めることができた。殺さずに済んだのである。

それにしても、なぜ肝心のクライマックスで、太一に「おとう、ここにおられたのですか。」と言わせたのか。自分に言い聞かせ、自分を押し止めるためとはいえ、なぜ巨大なクエが「おとう」なのか。敵であった巨大なクエも、「海の命」という点で大切な「おとう」と同じであると見たということなのであろうが、少し飛躍が大きすぎるとも言える。これがあるために、せっかくのクライマックスの太一の葛藤と変容がわかりにくくなっているという面もある。全国に本当にクエが父に見えたという浅いレベルの誤読が蔓延したのは、この書き方によるとも言えなくはない。ただし、そのわかりにくさが文学の魅力であり、それだけ読者に読む力を求めているとも言える。このあたりは、評価が分かれるところかもしれない。

〈注〉

(1) 本文は、小学校国語教科書『国語六』二〇一五年、光村図書による。

第七章 「少年の日の思い出」（ヘルマン・ヘッセ／高橋健二訳）

「少年の日の思い出」は、中年にさしかかったと思われる「私」と「客」の会話で始まる。「私」が「一年前から、僕はまた、ちょう集めをやっているよ。お目にかけようか。」と「客」に話しかける。それをきっかけに「客」も自分が少年の頃、熱情的な収集家であったことを告げる。ここまでは「私」による一人称の語りである。

事件は、その「客」が友人である「私」に少年の日の苦い思い出を話し始めるところから始まる。ここから客が、「僕」という一人称で語っていく。熱情的な蝶の収集をしていた「僕」は、隣の家の少年エーミールに傷つけられながらもそれを続ける。ある時、エーミールがクジャクヤママユを蛹から孵したという噂を聞き、「僕」はエーミールの家に侵入し、それを盗み粉々にしてしまう。「僕」が謝罪に行ってもエーミールは冷たく突き放す。その直後、「僕」は自分の蝶の収集を自分で一つ一つ粉々にしてしまうところで作品は終わる。二人の一人称の語り手ということに着目すると、様々な観点からの立体的な読みが可能となる。

「少年の日の思い出」は、ヘルマン・ヘッセの作品である。ヘルマン・ヘッセ（一八七七～一九六二年）は、ドイツ文学を代表する小説家の一人である。「少年の日の思い出」は、ヘッセが一九一一年に雑誌『青年』に発表したものを数度にわたり改定しながら完成させたものである。この本文は、一九三一年にヘッセがドイツの地方新聞に発表したものを、高橋健二が翻訳したものである。

教科書には一九四七年に掲載された。文部省著作『中等國語二』である。その後、多くの教科書に掲載され、現在はすべての中１国語に掲載されている（注１）。

第1節　「少年の日の思い出」の構成・構造―構造よみ

1　二つの時と二人の語り手

この作品は導入部―展開部―山場の三部構成である。それを含む作品構造は、190頁のとおりである。この作品の構造は、通常の作品と少し違っている。まず現在の「私」と「客」(「彼」「友人」とも言っている)との会話がある。そこが導入部である。説明的な導入部ではない。エピソードを示した描写による導入部である。次が冒頭の一文である。

> 客は、夕方の散歩から帰って、私の書斎で私のそばに腰掛けていた。

ここでの語り手は、展開部・山場の語り手である「僕」とは違う。語り手は、大人の「僕」を客として迎えている「私」である。

「末の男の子」などから、二人は三十代後半から四十代くらいの可能性が高い。その後、一行空きで三〇年程度前と思われる「客」の子ども時代の回想に移っていく。そこが展開部と山場となる。つまり、二つの時がこの作品には存在する。いずれも一人称の語り手による。前者の語り手は「私」であり、後者の語り手は前者における「客」である。後者で「客」は「僕」と自称している。二人の語り手がいて、語り手が、導入部と展開部・山場で入れ替わるということが、この作品の大きな特徴である。それは、構造よみでしっかり把握しておく必要がある。

作品の中心となる事件は、後者の「僕」の語りによる少年時代の回想としての出来事である。分量的にもそこは作品全体の八割を占め、中心的な事件が展開する。しかし、その「僕」が「私」の「客」（「友人」「彼」）として登場する導入部も、その少年時代の出来事と深く関わる。

導入部では、「客」が、「私」の蝶の標本を見た後で、自分も「小さい少年の頃、熱情的な」蝶の「収集家だった」ことを告げる。そして「残念ながら自分でその思い出をけがしてしまった。」と告白し「話すのも恥ずかしいことだが、ひとつ聞いてもらおう。」と述べる。その予告で導入部が終わり、「客」の一人称による回想に入る。

ここは、これから展開される子どもの頃の思い出を導き出す「事件設定」としての役割をもつ。読者は、導入部の大人になった「客」と、展開部以降の子どもの頃の「僕」とを意識しながら、この作品を読むことになる。この事件設定がこの作品では重要な位置を占める。この導入部がなかったとしても事件としては成立するが、作品の奥行きがなくなってしまう。特に「客」の「残念ながら自分でその思い出をけがしてしまった」「話すのも恥ずかしいことだが」という言葉から、読者は「大人になった今でも、それほど苦い思い出として残っている出来事とは一体何か？」という問いをもつことになる。当然「是非その出来事を知りたい」「この先を読んでみたい」と思わせる効果がある。

この作品の発端は、一行空きの後に回想としての子ども時代を語り始める「僕は、八つか九つのとき、ちょう集めを始めた。」である。二つの時という意味では、この作品は現在と過去の二部構成とも言える。ただし、後者の過去の事件にクライマックスを含む山場とそれ以前の展開部がきちんと位置づいている。この作品は、「導入部」（現在）―「展開部」（過去１）―「山場」（過去２）の三部である。

「少年の日の思い出」の発端の特徴を整理すると、次のようになる。

「少年の日の思い出」の発端の特徴（着目の指標）

1　蝶の収集に関わる子ども時代の出来事という主要な事件が始まる。**（主要な事件の始まり）**
2　現在の出来事から主要な事件をかたちづくる過去の出来事の回想に入る。**（主要な事件の始まり）**
3　その中で「僕」とエーミールの関わりが本格的に始まる。**（主要な人物同士の関わり）**
4　間もなく青いコムラサキの採集といういつもとは違った出来事が起こる。**（非日常）**

2 クライマックス―事件のとらえ方でクライマックスが変わる

この作品のクライマックスとしては、次の三つの箇所が考えられる。（Ａ～Ｃ・阿部）

一つ目は、「僕」がエーミールに、クジャクヤママユを台無しにしてしまったのは自分であることを告げに行く部分である。「僕」が謝罪しても「おもちゃをみんなやる」と言っても「ちょうの収集を全部やる」と言っても、エーミールは「冷淡に構え」「軽蔑的に見つめ」ながら「結構だよ。」と拒否する。その直後である。

その瞬間、僕は、すんでのところであいつの喉笛に飛びかかるところだった。もうどうにもしようがなかった。僕は悪漢だということに決まってしまい、エーミールは、まるで世界のおきてを代表でもするかのように、冷然と、正義を盾に、あなどるように僕の前に立っていた。彼は罵りさえしなかった。ただ僕を眺めて、軽蔑していた。**Ａ**

二つ目は、さらにその次の箇所である。

そのとき、初めて僕は、一度起きたことは、もう償いのできないものだということを悟った。B

三つ目は、「僕」がエーミールの家から立ち去り、自分の家に戻ってきた後の箇所である。「僕」は自分の家に戻ってきてから、自分が収集した蝶の標本を、一つ一つ押しつぶす。

だが、その前に、僕は、そっと食堂に行って、大きなとび色の厚紙の箱を取ってき、それを寝台の上に載せ、闇の中で開いた。そして、ちょうを一つ一つ取り出し、指で粉々に押しつぶしてしまった。C

いずれも重要な事件の節目であり、クライマックス的な場面である。その中でも、この作品の主要な事件の決定的な箇所はどこかである。

Aは、「僕」とエーミールとの関係の中で、最も緊迫した箇所である。それまで「僕」はエーミールを「妬み、嘆賞しながら」「憎んで」いたとはいえ、「喉笛に飛びかかる」など直接的な行動に出ようとすることはなかった。ここでは実際に飛びかかりはしなかったものの、その寸前まで行く。そして、エーミールは「冷然と、正義を盾に、あなどるように僕の前に立ってい」る。「僕」とエーミールの関係が、もうこれ以上ない程度にまで決定的に険悪になっている箇所である。「僕」の感情も大きく揺れ緊迫感もある。

Bは、「初めて」「悟った。」と、「僕」がそれまで認識できていなかったことを、ここで初めて認識するところである。「僕」という人物が変容する決定的な箇所と言えそうである。

Cは、これまで三年～四年かけ熱情を傾け収集してきた「宝物」としての蝶の収集をすべて自ら押しつぶす箇所である。これまでの「僕」の最も重要な部分であった蝶集めそのものを否定する行為であり、これも二つ目同様、「僕」という人物の変容が読める決定的な箇所と言えそうである。

クライマックスを決定する際には、作品の主要な事件をどうとらえるかが重要である。「僕」とエーミールとの関わりを主要と見るか、「僕」と蝶集めとの関わりを主要と見るかである。

結論から言えば、この作品の主要な事件は、「僕」と蝶集めと読める。「僕」にとっての蝶への「熱情」そのものが事件を中心的に構成している。展開部から繰り返し述べられているのは、「僕」がいかに蝶集めに「熱情」を感じ、「とりこ」になっていたかである。「むさぼるような、うっとりした感じ」「息もつまりそう」「緊張と歓喜」「微妙な喜びと、激しい欲望」などが繰り返し述べられる。十二歳になっても、その「熱情はまだ絶頂にあ」る。クジャクヤママユを見た際も「四つの大きな不思議な斑点が、挿絵のよりはずっと美しく、ずっとすばらしく、僕を見つめた。」と描写される。自分がクジャクヤママユを台無しにしたことをエーミールに告げに行った場面も、「僕」のその熱情はそれまでと全く変わっていない。だから「僕」はエーミールに飛びかかろうと思う。

エーミールとの関わり、エーミールとのクジャクヤママユをめぐる関わりも重要な構成要素である。しかし、Cの自分の標本をつぶす箇所は、「僕」がこれまで一番大切にしていたものを壊し、それと決別していくというものである。エーミールとの関係は重要ではあるが、それは「僕」が蝶集めと決別していく過程の中の一つの出来事である。また、Aの「僕は、すんでのところであいつの喉笛に飛びかかるところだった。」では、まだ蝶に「熱情」を感じている「僕」の延長線上にある。Bで「初めて」「悟り」、Cに至る。

Bの「初めて僕は、一度起きたことは、もう償いのできないものだということを悟った。」も、エーミールに対する見方の変容というより、過ちをおかすことに対するそれまでの自分の見方が変容したということである。それまで一度起きたことでも、自分の「熱情」ゆえのものであれば許される、あるいは心から謝罪すれば許されるなどと考えていた。悪意がなく「純粋」な気持ちさえあれば許されると考えていたとも読める。しかし、「B」で初めて過ちというものは、場合によっては許されないこともあることを悟る。その意味でかなり決定的な変容が読める。

それでは、BCのいずれかがクライマックスにふさわしいか。Bで「僕」のそれまでの見方が変わる。しかし、とは言っても「僕」が今後、蝶の収集を続けるかやめるかは、まだわからない。この作品では、「僕」が「熱情」を傾け「とりこ」になっていた蝶の収集をやめることこそが、決定的な意味をもつ。やはりCをクライマックスと読むべきであろう。（このCからは、さらに様々なことが読めるが、それについては形象よみで詳述する。）

山場の始まりは、Cにつながる直前の場面、つまり「悲しい気持ちで」「家に帰り」、母に告白するところからと見るのが自然であろう。

「少年の日の思い出」のクライマックスの特徴を整理すると、次のようになる。

「少年の日の思い出」のクライマックスの特徴（着目の指標）

1　「僕」にとってすべてであった蝶集めをやめるという決定的な事件の節目である。**（事件が決定的）**

2　あれほど熱情を傾けていた蝶集めを、一つ一つ取り出して蝶をつぶすという衝撃的なかたちで終える。**（アピール度の高さ・衝撃性）（意外性）**

3　衝撃的な出来事を丁寧に描写的に描いている。**（描写の密度の濃さ）**

4　少年時代との決別という意味で主題に深く関わる。**（主題との深い関わり）**

導入部　展開部　山場（◎）
事件（発端〜結末）

冒頭 客は、夕方の散歩から帰って、私の書斎で私のそばに腰掛けていた。——

発端 僕は、八つか九つのとき、ちょう集めを始めた。——

山場の始まり 悲しい気持ちで、僕は家に帰り、——

クライマックス だが、その前に、僕は、そっと食堂に行って、大きなとび色の厚紙の箱を取ってき、それを寝台の上に載せ、闇の中で開いた。そして、ちょうを一つ一つ取り出し、指で粉々に押しつぶしてしまった。

＝

結末＝末尾 —— そして、ちょうを一つ一つ取り出し、指で粉々に押しつぶしてしまった。

〈※クライマックス＝結末＝末尾〉

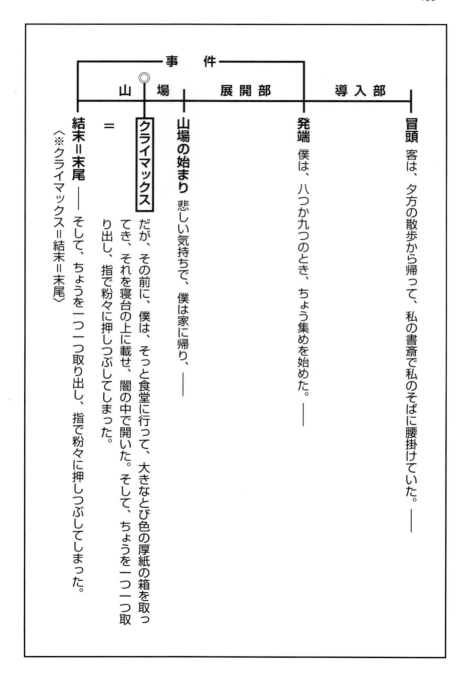

第2節　「少年の日の思い出」の形象・技法─形象よみ

この導入部は、展開部・山場で「僕」が蝶の収集にまつわる出来事を友人に話すことになるきっかけ（経緯）を示すものである。だから、そのきっかけの核となる箇所、そしてこれから話す出来事を予測させる箇所が、まずは着目すべきところとなる。

1 導入部の形象

(1)「客」＝「僕」が思い出を話すに至る経緯

展開部以降の「僕」、つまり導入部での「客」（あるいは「友人」「彼」）が、自分の子どもの頃の蝶集めにまつわる出来事を話すに至る経緯の中で核となるのは、何と言っても次の部分である。「私」は「客」に「一年前から、僕はまた、ちょう集めをやっているよ。お目にかけようか。」と言い、実際に収集を見せる。しかし、「客」は十分にそれを見ないまま次のように言う。

> 「君の収集をよく見なかったけれど。僕も子供のとき、むろん収集していたのだが、残念ながら自分でその思い出をけがしてしまった。実際、話すのも恥ずかしいことだが、ひとつ聞いてもらおう。」

「私」の蝶の標本をきっかけとして、「客」としての「僕」は、子どもの頃の蝶集めに関わる出来事を話そうと自ら切り出す。「その思い出をけがしてしまった」「恥ずかしい」とあることから、読者は余程のことがあったのだと思う。その話を是非聞いてみたいと思わせる効果がある。これを暗示する部分が、その前にもある。

そして、ちょうをまた元の場所に刺し、箱の蓋を閉じて、

「もう、結構。」

と言った。

その思い出が不愉快でもあるかのように、彼は口早にそう言った。


「私」が自分の蝶の標本を「お目にかけようか。」と言った際に、「僕」（「客」）は「見せてほしい」と言う。ここで、「僕」（「客」）は見せてほしいと言わなくてもよかったはずだが、自分から「見せてほしい」と答えた。にもかかわらず、「不愉快でもあるかのように」「もう、結構。」と言う。

さらにその直前には次の記述がある。


「妙なものだ。ちょうを見るくらい、幼年時代の思い出を強くそそられるものはない。僕は、小さい少年の頃、熱情的な収集家だったものだ。」


たとえば「ぼくもちょっと蝶集めをしたことがある。」などと曖昧に言ってもよかったかもしれないが、自らを「熱情的な収集家」と言い、「ちょうを見るくらい、幼年時代の思い出を強くそそられるものはない。」とまで突っ込んだ言い方をする。

そして、「不愉快でもあるかのように」「もう結構。」と言い、「残念ながら自分でその思い出をけがしてしまった。実際、話すのも恥ずかしいことだが」とまで言うということは、「僕」（「客」）にとって、この思い出

が今でも（三十年前後経過した今も）かなりつらいものとして残っていることになる。子どもの頃には様々なことに出会い、様々な失敗もする。それが大きな失敗であると、大人になっても忘れられないということはある。しかし、三十年前後経過しても、なお「不愉快ででもあるかのように」振る舞い、「自分でその思い出をけがしてしまった」とまで言う経験というのは、余程のことである。

一方で「ちょうを見るくらい、幼年時代の思い出を強くそそられるものはない。」とまで言うのだから、おそらく蝶集めは、もともと自分にとって大きな意味をもつ重要なものであった可能性がある。それが「自分でその思い出をけがしてしまった」「恥ずかしいことだが」と言うまでに至った出来事というのは、相当のものであると推察できる。そういう暗示的・予告的な役割を、この部分は果たしている。

ただし、一方でそれほどまでに嫌な思い出であるなら、なぜ隠そうとしないのかという疑問も生まれる。隠さないだけでなく、その思い出をわざわざ詳しく「私」に話そうとする。なぜなのか。

いくつかの可能性が読めるが、一つは、「僕」（「客」）は友人である「私」に話すことによって、自分のしたことを再度思い返し整理しつつ、対象化しようとしたという可能性である。カウンセリングで自分が傷ついた過去の出来事をカウンセラーに話すことで、それを対象化し、そのトラウマ的呪縛から解放されていくことがある。それに近いことを「僕」（「客」）がしようとしたということである。（「客」＝「僕」が意識的にそう考えていたかどうかはまた別である。）もちろんこれは「私」との関係が親密であり、「私」を信頼しているからこそできることである。もう一つは、「けがしてしまった」と三十年くらい経過した今でも思い続けていることであるにしても、少しずつ自分の中で整理され、第三者に話すことができるくらいにまで対象化できてきていたという可能性である。傷ついてはいても、それを少しずつ乗り越えつつあるということである。これら二つの可能性は、それぞれで成立するかもしれないし、同時に成立するのかもしれない。

いずれにしても、「けがしてしまった」とは言え、それから逃げるのではなく、この機会にそのことに自分なりに向き合おうとしているという側面が読める。

(2) 情景描写がもつ意味と効果

「私」と「客」(後の「僕」)とのやりとりの際の情景描写が、この導入部では繰り返し丁寧に語られる。おおよそ次の部分である。

> 昼間の明るさは消えうせようとしていた。窓の外には、色あせた湖が、丘の多い岸に鋭く縁取られて、遠くかなたまで広がっていた。
> 私は、ランプを取ってマッチをすった。すると、たちまち外の景色は闇に沈んでしまい、窓全体が不透明な青い夜の色に閉ざされてしまった。
> 彼は、ランプのほやの上でたばこに火をつけ、緑色のかさをランプに載せた。すると、私たちの顔は、快い薄暗がりの中に沈んだ。彼が開いた窓の縁に腰掛けると、彼の姿は、外の闇からほとんど見分けがつかなかった。

夕方から夜にかけての時間である。これから暗くなっていくという時である。その設定の意味を読む必要があるが、同時にそれをどのように表現しているかも読む必要がある。

これから出かけるなどという時間帯でなく、もうこのまま家の中にいる時間帯である。食事前か後かによっても少し違うが、それなりにじっくりと話ができる時間帯である。また、暗くなってくる時間帯でもある。それを、「明るさは消えうせようとしていた。」「色あせた湖が、（中略）広がっていた。」「たちまち外の景色は闇に沈んでしまい」「窓全体が不透明な青い夜の色に閉ざされてしまった。」「私たちの顔は、快い薄暗がりの中に沈んだ。」「彼の姿は、外の闇からほとんど見分けがつかなかった。」と表現している。「消え失せよう」「色あせた」「闇に沈んで」「夜の色に閉ざされて」などは、否定的なニュアンスを含む表現である。夕暮れに少しずつ暗くなる様子を表現するのであれば、たとえば「少しずつ暗くなってきた」「湖の輪郭が少しぼやけてやわらかくなってきた」「外の景色から部屋の景色にスポットが移り」「窓全体がカーテンで模様替えをされ」「私たちの姿は快い薄暗がりの中にとけこんだ」などとしてもいいはずである。しかし、そうはなっていない。「快い薄暗がり」という記述はあるものの、全体として暗いトーンの否定的な形象である。この場の設定のもつ意味は様々あるが、一つ目は、これから「客」である「僕」が語り始める少年の日の思い出のつらさ、痛さ、暗さとの照応である。否定的ニュアンスを含む暗がり・闇から語りが始まることで、より自然に読者を少年の日の「思い出をけがしてしまった」物語へと誘う効果である。

二つ目は、それとも関わるが、語りの最後の「だが、その前に、僕は、そっと食堂に行って、大きなとび色の厚紙の箱を取ってき、それを寝台の上に載せ、闇の中で開いた。そして、ちょうを一つ一つ取り出し、指で粉々に押しつぶしてしまった。」というクライマックスの「闇の中」と照応するとも読める。

三つ目は、外の明るさ、景色の美しさ、室内の明るさなどがあれば、これから語り始める「客」＝「僕」に焦点化しにくいということである。暗がりにいる「私」と「客」だけの閉ざされた世界での語りである。そして、暗ければ暗いほど、「客」＝「僕」の語りの声だけに焦点化され、その声だけがその場に（読者にも）響いてくるということになる。

（3）「私」と「客」の人物像

一つ注目したいのが、冒頭の一文「客は、夕方の散歩から帰って、私の書斎で私のそばに腰掛けていた。」の「書斎」である。書斎は、どの家庭にもあるものではない。「私」は一般的な労働者というより、それなりに裕福な身分である可能性がわかる。その「客」であり「友人」であるのだから、「客」つまり「僕」も、それに近い身分である可能性がある。

導入部後半では葉巻を吸う。「幼年時代のいろいろの習慣や楽しみ事が、またよみがえってきたよ。」といった話し方をする。一般庶民ならば「幼年時代」「よみがえって」くるなどという口調にはならないだろう。そして、また「ちょう集め」ができる時間と余裕のある仕事・立場ということになる。「これは、ワモンキシタバで、ラテン名はフルミネア。」といった知識もそれなりの教養をもっている可能性が読める。葉巻も庶民の嗜好品ではない。

それなりの身分や仕事をもった、財力も一定以上はある「私」である可能性が読め、その「友人」である現在の「僕」も、それに近い身分である可能性が読める。

家の周囲を散歩でき、窓から湖が見えるということは、都会ではなく郊外に住んでいるのかもしれない。ただし、ここは別荘である可能性もあるので、必ずしもそうとも言い切れないが。

（4）呼称のもつ意味

ここで、もう一つ注目したいのは、「私」の「客」に対する呼称である。

冒頭では、「客は、夕方の散歩から帰って」と「客」になっている。それが、蝶を見せるところになると「彼が見せてほしいと言ったので」と「彼」に変わる。そして、実際に蝶を見る部分では「友人は、一つのちょうを、ピンの付いたまま箱の中から用心深く取り出し、羽の裏側を見た。」と「友人」になる。

その後「彼」→「彼」→「彼」→「彼」→「彼」→「彼」と六回「彼」となり、最後に「友人は、その間に次のように語った。」で導入部が終わる。

「彼」を除くと、「客」が一回、「友人」が二回となる。「客」という一定の距離を感じる呼称があることから、「私」と「彼」との関係は、「友人」ではあるものの無二の親友と言えるまでのものではないらしいことが窺える。とはいえ「友人」という以上は、ただの「客」というだけでなく、それなりの親しい関係であることもまた間違いない。だから、この後「彼」は「私」に少年時代の「自分でその思い出をけがしてしまった」という出来事をあえて話そうとする。

2　展開部の形象

(1)「僕」の取り憑かれた熱情を読む

展開部からは語り手が替わり、「僕は、八つか九つのとき、ちょう集めを始めた。」と少年時代の回想が始まる。導入部の「客」が、今度は一人称の「僕」として語り始める。展開部は、大きく二つに分かれる。前半は「八つか九つ」の時のことである。その時の「僕」の蝶集めの様子、「僕」が青いコムラサキを捕らえエーミールに見せたという出来事からなる。後半は「二年たって」つまり十歳か十一歳になった時のことである。エーミールがさなぎからかえしたクジャクヤママユを「僕」は盗み、同時にそれをつぶしてしまう。

展開部では一貫して「僕」の蝶集めに対する強い熱情が繰り返し語られる。後半の「僕」の盗みもその延長線上にある。

前半のはじめには、「僕」の熱情が説明的に述べられる。特に傍線部に注目してほしい。（傍線・阿部、以下傍線は阿部）

ところが、十歳ぐらいになった二度目の夏には、僕は全くこの遊戯のとりこになり、ひどく心を打ち込んでしまい、そのため、他のことはすっかりすっぽかしてしまったので、みんなは何度も、僕にそれをやめさせなければなるまい、と考えたほどだった。ちょうを採りに出かけると、学校の時間だろうが、お昼ご飯だろうが、もう、塔の時計が鳴るのなんか、耳に入らなかった。

今でも、美しいちょうを見ると、おりおり、あの熱情が身にしみて感じられる。（中略）子供だけが感じることのできる、あのなんともいえない、むさぼるような、うっとりした感じに襲われる。強く匂う、乾いた荒野の、焼けつくような昼下がり、庭の中の涼しい朝、神秘的な森の外れの夕方、僕は、まるで宝を探す人のように、網を持って待ち伏せていたものだ。そして、美しいちょうを見つけると、特別に珍しいのでなくたってかまわない、ひなたの花に止まって、色のついた羽を呼吸とともに上げ下げしているのを見つけると、捕らえる喜びに息もつまりそうになり、しだいに忍び寄って、輝いている色の斑点の一つ一つ、透き通った羽の脈の一つ一つ、触覚の細いとび色の毛の一つ一つが見えてくると、その緊張と歓喜ときたらなかった。そうした微妙な喜びと、激しい欲望との入り交じった気持ちは、その後、そうたびたび感じたことはなかった。

どこも濃密で強い表現に溢れている。「遊戯のとりこ」「ひどく心を打ち込んでしまい」「僕にそれをやめさせなければばなるまい、と考えたほど」「耳に入らなかった」「熱情が身にしみて」「あのなんともいえない、むさぼるような、うっとりした感じに襲われる」「まるで宝を探す人のように」「捕らえる喜びに息もつまりそうになり」「その緊張と歓喜ときたらなかった」「そうした微妙な喜び」「激しい欲望」「その後、そうたびたび感じたことはなかった」などである。（「情熱」ではなく「熱情」としていることにも注意する必要がある。）

ここまで言語化できたのは後のことであるとしても、蝶集めは、そこまで強く「僕」をとらえていた。あらゆる喜び、あらゆる価値に優先されるのが、蝶集めだったということになる。

この熱情が、展開部後半の「僕」の盗みにつながっていく。そして、山場とクライマックスへの重要な伏線となっていく。クライマックスも、この繰り返される取り憑かれたような「僕」の熱情、そしてそれとの決別という文脈で読まないと、その意味が見えてこない。

（２）「僕」のエーミール評を読む

展開部前半でエーミールの人物像が述べられる。

「僕」は「自分の宝物」としての蝶の標本は「ないしょに」していたが、「珍しい、青いコムラサキを捕らえた」ことで「得意のあまり」、それをエーミールに見せようとする。そのことについて語る際に「僕」は、エーミールという人物について詳しく述べる。「この少年は、非の打ちどころがないという悪徳をもっていた。」から始まる。「非の打ちどころがない」と一見肯定的に述べるのかと思うと、ただちに「悪徳」と評価する。「嫌なやつ」とか「憎らしいやつ」ではなく「悪徳」とまで言い切っている。完璧な人間のように見えるが、それを「僕」は善とは見ないで「悪徳」つまり道徳に背いた人の道に背いた行いをする人物と評価する。

続いて「それは、子供としては二倍も気味悪い性質だった。」と述べる。「気味悪い」とは、異様とか、正体不明などという意味である。エーミールがかなり特異な人物であることを思わせるが、それ以上に人間として子どもとして認めないという差別的な見方も含まれている。それも「二倍も」と強めている。「悪徳」「二倍も気味悪い」は、自分には認めがたい、相容れないという「僕」の感覚が読める。それは、少し後の「あらゆる点で模範少年だった。そのため、僕は妬み、嘆賞しながら彼を憎んでいた。」という述べ方につながる。

これは子どもの頃の感覚ではあるが、今語っている大人になった「僕」の見方でもある。少なくともここまで言語化しているのは大人の「僕」である。

「非の打ちどころがない」「あらゆる点で模範少年」「嘆賞」と言う一方で、「悪徳」「二倍も気味悪い」「妬み」「憎んでいた」とまで表されるエーミールの具体的な姿はどういものなのか。前後を見ると、一つは蝶の収集が「こぎれいなのと、手入れの正確な点で、一つの宝石のようなものになっていた。」が関わっていることが推測できる。「傷んだり壊れたりしたちょうの羽を、にかわで継ぎ合わすという、非常に難しい技術を心得ていた。」とも関わる。そして「僕」が見せたコムラサキを「二十ペニヒぐらいの現金の値打ちはある、と値踏みした。」「しかし、それから、彼は難癖をつけ始め、展翅のしかたが悪いとか、右の触角が曲がっているとか、左の触角が伸びているとか言い、そのうえ、足が二本欠けているという、もっともな欠陥を発見した。」が関わる可能性がある。この他には、後に山場でエーミールの蝶を台無しにしたことを謝罪に行った際の態度も関わっているかもしれない。

ただ、この程度で、「悪徳」「二倍も気味悪い」とまで本当に言えるのかとも思える。いずれにしても、これらの評価は当時の（そして現在も）「僕」から見たエーミールに対する評価であることに留意する必要がある。また、このエーミール評は、「僕」が蝶集めにすべてをかけ熱情を傾けていることと関わらせながら読む必要がありそうである。熱情が強ければ強いほど、その「僕」の熱情に水を差す、そして貶めるエーミールへの評価が酷くなっていくという構造である。

（3）「僕」の盗みを読む

「僕」はエーミールがクジャクヤママユを蛹から孵したといううわさを聞き、いてもたってもいられなくなる。「エーミールがこの不思議なちょうを持っているということを聞くと、僕は、すっかり興奮してしまって、それが見られるときの来るのが待ち切れなくなった。」とある。エーミールを尋ねていくと、エーミールがいなかったので、「僕」は「例のちょうを見たいと」中に入ってしまう。その蝶を前に「僕」はかけてあった細長い紙切れを取りのけるために留め針を抜く。

> すると、四つの大きな不思議な斑点が、挿絵のよりはずっと美しく、ずっとすばらしく、僕を見つめた。それを見ると、この宝を手に入れたいという、逆らいがたい欲望を感じて、僕は、生まれて初めて盗みを犯した。

そして「そのとき、さしずめ僕は、大きな満足感のほか何も感じていなかった。」と続く。それまでの「僕」の蝶への熱情が、まずは「斑点が」「僕を見つめた。」という隠喩で表現されている。「僕が斑点を見つめた。」ではない。その蝶に引きつけられ、捕らえられている感覚であろうか。自分が熱心に見ているというのではなく、自分の意思を越えて蝶が自分をつかんで離さないという感覚である。そして、何の躊躇もなく「僕」はそれを盗む。「逆らいがたい欲望」とあるのだから、盗みということはわかっていた。しかし、そういう道徳や倫理を越えた大きな力が働いたことになる。その後も、後悔せずに「大きな満足感のほか何も感じて」いない。「僕」の蝶集めへの激しい熱情が見えてくる。

ところが、その蝶を持って階段を降りると、下の方から誰かが上がってくるのが聞こえる。

その瞬間に、僕の良心は目覚めた。僕は突然、自分は盗みをした、下劣なやつだということを悟った。同時に、見つかりはしないか、という恐ろしい不安に襲われて、僕は、本能的に、獲物を隠していた手を上着のポケットにつっ込んだ。

おそまきながら、ここでやっと自分の罪に気がつく。そして、何と貴重な蝶をポケットに突っ込んでしまう。そのため、その蝶はつぶれ、もう取り返しのつかない事態になってしまう。

3 山場の形象―クライマックスからいくつのことが読めるのか

「僕」は、悲しい気持ちで家に帰り、母に自分がしたことを告白する。母に「おまえは、エーミールのところに行かなければなりません。」と言われ、謝罪に行こうとする。しかし、そこでも「僕」はまた次のように考える。

あの模範少年でなくて、他の友達だったら、すぐにそうする気になれただろう。彼が、僕の言うことをわかってくれないし、おそらく全然信じようともしないだろうということを、僕は前もってはっきり感じていた。

ここでも、以前から持っていた「僕」のエーミールに対する見方は変わっていない。

そういう気持ちで「僕」はエーミールのところに謝罪に行く。「僕」が告白し説明しようとすると、次の反応が返ってくる。

「ちぇっ。」と舌を鳴らし、しばらくじっと僕を見つめていたが、それから、「そうか、そうか、つまり君はそんなやつなんだな。」と言った。

僕は、彼に、僕のおもちゃをみんなやる、と言った。それでも、彼は冷淡に構え、依然僕をただ軽蔑的に見つめていたので、僕は、自分のちょうの収集を全部やる、と言った。しかし、彼は、「結構だよ。僕は、君の集めたやつはもう知っている。そのうえ、今日また、君がちょうをどんなに取りあつかっているか、ということを見ることができたさ。」と言った。

冷淡と言えば、冷淡な態度と言えるかもしれない。少なくとも「僕」にはそう見えたのである。しかし、エーミールにしてみれば、大事なクジャクヤママユを台無しにされたのだから、この程度の反応はありうるかもしれないとも読める。

「僕」は、おもちゃを全部やると言う。エーミールがそれで許そうとしないのは当然である。そういうレベルの問題ではないことに「僕」は気がついていない。次に「僕」は、自分の収集を全部やると言う。それでもエーミールは許そうとしない。これも、考えてみれば当然のこととも言える。おそらくは「僕は、君の集めたやつはもう知っている。」は、事実そのとおりであろう。また「今日また、君がちょうをどんなに取りあつかっているか、ということを見ることができた」も、確かにそのとおりとも言える。
しかし、「僕」は、そのエーミールの態度に我慢ならなくなる。

その瞬間、僕は、すんでのところであいつの喉笛に飛びかかるところだった。もうどうにもしようがなかった。僕は悪漢だということに決まってしまい、エーミールは、まるで世界のおきてを代表でもするかのように、冷然と、正義を盾に、あなどるように僕の前に立っていた。彼は罵りさえしなかった。ただ僕を眺めて、軽蔑していた。

「僕は悪漢だということに決まってしまい」からは、「僕」は「僕」を悪漢ではないと考えていることが読める。「エーミールは、まるで世界のおきてを代表でもするかのように」「正義を盾に」は、エーミールには世界のおきてなど代表などできるはずない、正義などないのにという思いである。にもかかわらず、「冷然と」「あなどるように僕の前に立っていた」エーミールを「僕」は許せないと思う。
「僕」はいよいよエーミールに飛びつくかと思いきや、意外にも次の一文が来る。

そのとき、初めて僕は、一度起きたことは、もう償いのできないものだということを悟った。

この一文の意味は大きい。
「初めて」ということは、それ以前にはそういうことを考えたこと、思ったことはなかったということである。生まれて初めてと言ってもいいだろう。「一度起きたことは、もう償いのできないものだということ」という言い方を逆に見ると、それまでは、一度起きたことでも場合によっては償いができる、たとえば誠意を尽くして謝罪すれば、心から謝罪すれば許してもらえないことなどないと考えていたことになる。実際に、エーミールに自分のおもちゃを全部やる、標本を全部やると言っていた「僕」は、そのとおりのことをしていた。

しかし、ここで初めて「償いのできない」こともあることを悟る。「悟った」とは、「知った」「わかった」より意味が重い。生まれて初めて「僕」はそのことを強く認識したということである。

これまでを大きく振り返れば、十歳くらいからずっと続いていた蝶集めに関わる失敗などは、一度起きたことでも償いができると考えていた。それが、ここでこの瞬間初めて「もう償いのできない」こともあることを強く認識する。「僕」にとって極めて大きな変化である。だから、これが必然的に最後のクライマックスにつながっていく。

> だが、その前に、僕は、そっと食堂に行って、大きなとび色の厚紙の箱を取ってき、それを寝台の上に載せ、闇の中で開いた。そして、ちょうを一つ一つ取り出し、指で粉々に押しつぶしてしまった。

ここからは、様々なことが読める。まず、「僕」がこれまで大事にしてきたものと分かれることを意味する。つまり、これまでの自分の生き方と決別するという意味である。それだけではなく、さらにいくつかのことが読める。

①　自分にとってすべてであった蝶集めを二度としないということである。「むさぼるような」「熱情」をもつまでに自分をとりこにしていた蝶集めと決別するということである。

②　それは、同時に蝶集め以上に大切なものはないと信じてきた「僕」が、それ以上に大事なものがあるのかもしれないと思い始めたということでもある。「一度起きたことは、もう償いのできないものだということを悟った。」からも読めるように、自分が犯した過ちでも何とか償える、どんな過ちでも誠意を尽くして謝罪すれば許されるなどという見方が通用しないことを初めて認識したということでもある。

③　仮に「償いのできない」とは言え、自分のしたことを自分で許すことはできないと考えた。または感じた「僕」が、自分で最も大切にしているものを粉々につぶすことで、自分を罰するということである。

この壊し方に着目する必要がある。一息に標本を捨てるとか、床に投げつけるなどという方法もあったかもしれない。しかし、「僕」は「ちょうを一つ一つ取り出し、指で粉々に押しつぶして」しまう。二度と蝶集めができないようにという確認とも読める。自分のこれまでの蝶集めそのものを、一つ一つ確かめるように否定していくとも読める。自分に言い聞かせるように一つ一つつぶしていくということでもある。それだけ苦しい行為だが、自らを罰するようにあえて時間をかけて粉々にしていく。

④　また、実際に、「一つ一つ取り出し、指で粉々に押しつぶして」しまわない限り、蝶集めをやめられないということでもあろう。二度と蝶集めをしないという「僕」の決心の強さである。

「闇の中で開いた。」も、このことを明かりをつけて実行することはできなかったと読める。また作品としては、この場面の重苦しい悲しい状況にはそれがふさわしかったとも読める。そして、それは導入部の「外の闇からほとんど見分けがつかなかった。」という状況と見事に重なる。

題名「少年の日の思い出」と関わらせて考えてみると、上記の意味から「僕」は、この蝶を「一つ一つ取り出し、指で粉々に押しつぶして」しまうことで、少年時代と決別したと読める。それは、右で読んだ「そのとき、初めて僕は、一度起きたことは、もう償いのできないものだということを悟った。」とも深く関わる。これまでは、仮に過ちがあったとしても、熱情ゆえの「純粋」なものであれば許される、心から謝罪すれば許されると考えていた。しかし、過ちによっては、どんな理由があろうと許されないこともあることを悟ることとの関わりである。それがこの作品の中心的な主題である。そして、それは重苦しく悲しい決別である。その重苦しさは、大人になってもある程度までは続いている。大人になった「僕」は、だから今でも蝶の標本を見ると「不愉快」になり、「恥ずかしいこと」と言う。

第3節　「少年の日の思い出」の吟味・評価—吟味よみ

1　典型的な少年期との決別

人間は、生涯の中で（意識・無意識は別として）生き方を変えることがある。特に少年期から青年期そして大人になっていく時期には、その変化が劇的なくらい大きいことがある。その典型を事件展開、人物描写、語りの仕掛け、レトリックなどを駆使して描いている。

僕が「ひどく心を打ち込んでしま」う蝶集めが展開部で丁寧に描かれる。「熱情が身にしみて」「あのなんともいえない、むさぼるような、うっとりした感じに襲われる」「捕らえる喜びに息もつまりそうになり」「その緊張と歓喜ときたらなかった」「そうした微妙な喜び」「激しい欲望」などと表現される蝶集めである。それが、盗みという取り返しの付かないところにまで「僕」を引きずっていく。そして、それはエーミールについての「僕」の見方・評価ともシンクロする。

そして、クライマックスで「僕」の熱情との訣別が起こる。「ちょうを一つ一つ取り出し、指で粉々に押しつぶしてしま」う象徴的な行為により「僕」は少年時代と決別する。

特殊で具体的な事件展開と人物の変容だが、同時に多くの人間に起こりうる変容として典型性をもっている。

2 「語り」の構造を意識してもう一つのエーミール像を読む

この作品では、「僕」と対極にある人物として、かなり否定的なエーミール像が示されている。「この少年は、非の打ちどころがないという悪徳をもっていた。」「それは、子供としては二倍も気味悪い性質だった。」などと述べられている。また、「僕」が見せに来たコムラサキを「二十ペニヒのぐらいの現金の値打ちはある、と値踏みし」、容赦なく「難癖をつけ始め」る。

それについて、金くみ子は、エーミールを「いやみな行動」をとり「冷淡に構えている」人物と読む(注2)。田中みどりは、エーミールを「『美』とは無縁で」ある人物ととらえ、「同じちょうを、一方は貨幣価値のあるものとしてとらえ、一方は美としてとらえる」と読んでいる(注3)。竹内常一は「かれにたいするぼくの評価の揺れを読み取ることが大切である。そうしないと『先生の息子』というものは『非のうちどころがないという悪徳』をもっているということになり、かれの具体像を読み落とすことになる。」と読む一方で、エーミールを「かれの熱中は、ぼくのようにチョウをとらえることやその美しさを見ることにあったのではなく、チョウを『もの』として取り扱い、『もの』として整理し、『もの』として修理することにあった」としている(注4)。

確かにエーミールは、二年後のクジャクヤママユの事件でも、苦しみながら自分の過ちをやっとの思いで告白に来た「僕」を、「激したり、僕をどなりつけたりなどはしないで、低く『ちぇっ。』と舌を鳴らし、しばらくじっと僕を見つめていたが、それから、／『そうか、そうか、つまり君はそんなやつなんだな。』／と言い「僕をただ軽蔑的に見つめて」いる。僕が自分の蝶の収集を全部やると言っても、次のように答える。

「結構だよ。僕は、君の集めたやつはもう知っている。そのうえ、今日また、君がちょうをどんなに取りあつかっているか、ということを見ることができたさ。」

「今日また、君がちょうをどんなに取りあつかっているか、ということを見ることができたさ。」は、これまでの「僕」がすべてを傾けてきた蝶集めそのものを全て否定することにもつながる。それらを見ると、確かにエーミールは冷淡な『美』とは無縁」の人物、「チョウを『もの』と取り扱」う人物と読めそうである。

しかし、そこには何か読み落としはないであろうか。それらを「語り」の構造に着目していくと、新たな人物像が見えてこないだろうか。この作品は、一人称である。当然のことながら、エーミールの人物像を含めすべて十二歳の（また大人になった）「僕」の目を通して語られる。だから、右のエーミール像は、すべて「僕」の視点から見たものである。とすると「僕」の語りの陰に隠れているエーミールの人物像があるかもしれない。たとえば、「二十ペニヒぐらいの現金の値打ちはある」と値踏みし「難癖をつけ」ることを、金は『美』とは無縁」と読み、竹内は「『もの』として取り扱い」と読むが、そんな簡単に決めつけてよいのか。二人の違いは、大人的な蝶の収集のあり方を追求するエーミールと、子どもっぽい楽しみで蝶の標本を作っている「僕」との収集のあり方の差に過ぎないとも言える。

エーミールが「二十ペニヒぐらいの現金の値打ちはある、と値踏みし」たことについて、蝶集めを現金に換算することへの「僕」の違和感あるいは反感が読める。しかし、蝶であれ何であれ、自分のコレクションを試しに現金に換算してみるということは、子どもであってもそう珍しいことではないはずである。蝶であっても、切手であっても、古銭であっても、実際に売り買いはしなくても、値段に換算してみて楽しむということはする。そして、現金に換算したとしても、自らが収集している対象を同時に美として感じるということは十分にありうる。エーミールが「二十ペニヒ」と言ったからといって、それをもって「『美』とは無縁」「『もの』として取り扱い」とは言い切れないはずである。

「難癖」をつけられ「こっぴどい批評家のため、自分の獲物に対する喜びはかなり傷つけられた。」とあるが、大人的な蝶の収集のあり方を追求するエーミールの基準から見ると、当然のことをそのまま言ったまでとも解釈できる。「僕」が傷つくか傷つかないか、どこまでエーミールが意識していたかはわからないが、もともと自分の標本をわざわざ見せるということは、そのように評価される可能性もあると考える方が普通とも言える。

クジャクヤママユの「僕」の告白・謝罪の際のエーミールの対応にしても、本当に「冷淡」「軽蔑的」と言われるだけのものであったのか。別の解釈はないのか。クジャクヤママユを蛹から孵すことが、「僕」にとって「興奮」であったことが間違いないであろう。しかし、なぜエーミールにとっても、それが興奮するような出来事ではなかったと言い切れるのか。エーミールにとっても、やっとの思いで成功させたものであったはずである。ただ、「僕」にはその可能性は見えていないし、想像すらできない。

「僕」がそれを盗んだだけでなく、あろうことかポケットに入れて粉々にするなど、信じがたい許しがたいと、エーミールが思っても、それほど不自然なことではないはずである。「激したり、僕をどなりつけたりなどはしないで」「『ちぇっ。』と舌を鳴らし」「そうか、そうか、つまり君はそんなやつなんだな。」と言ったからといって、特に「冷淡」「軽蔑的」とまで言えるかどうかは、解釈が分かれるはずである。エーミールにとっても、「僕」とは別の意味で大きなショックであった可能性は十分にある。くやしさ、悲しさ、怒りを強く感じたとしてもそう特別ではないだろう。

もう一つ、エーミールの「非の打ちどころがない」「珍しい技術」「模範少年」などからは、大人から多くを学び、大人からの受けはよいかもしれないが、子ども相互の関係をうまく作ることができない少年であるという可能性も読める。とすると、「エーミールは、激したり、僕をどなりつけたりなどはしないで」「『ちぇっ。』と舌を鳴らし」すしかできない人物、「そうか、そうか、つまり君はそんなやつなんだな。」程度しか言えない、つまり自分の怒りをうまく表現できない、ある種不器用な少年と見ることができるかもしれない。それを「冷淡」「軽蔑的」と感じたのは「僕」である。

エーミールが、「僕」の自分のおもちゃや標本を全部やるという申し出を拒否するというのは、自然なこととも言える。そもそも、貴重なクジャクヤママユを盗み粉々にしたという行為を、自分のおもちゃや標本で肩代わりできると考える「僕」の方が、子どもっぽい勘違いをしているとも言える。「僕は、君の集めたやつはもう知っている。」という言い方も、エーミールとしては事実をそのまま言っただけとも読める。「君がちょうをどんなに取りあつかっているか、ということを見ることができたさ。」も、「僕」のしたことをそのまま率直に言っただけとも解釈できる。いくら隠そうとしたからといって、貴重な蝶を素手で持つこと自体に問題があるし、さらにそれを上着のポケットに直接突っ込むなど、いかにも子どもっぽい幼稚な行為である。大人的な蝶の収集のあり方を大事にしているエーミールにしてみればあり得ないことである。

すべての言説は、語り手によって語られている以上、その見方・考え方・感じ方がそこに反映される。三人称でも同じであるが、特に一人称になるとそれが強く前面に出る。そのことを意識していくことも、重要な読みのあり方である。エーミール像は、すべて「僕」という一人称から見た人物像であるがゆえに、「僕」に見えていないかもしれないエーミール像、傷ついているかもしれないエーミール像を読む必要がある。

3 「語り手」は十二歳の「僕」なのか、大人の「僕」なのか

この作品は、大人になった「僕」が回想するかたちで少年時代を振り返る。それによって、「僕」の少年時代との決別をわかりやすく描いていると言える。蝶集めというわかりやすく象徴的なモチーフが、作品を切れ味のあるものにしている。伏線とその回収という点でも、見事な仕掛けである。

先行実践・先行研究を見ても、たとえば金くみ子は「『ぼく』は、自分の行動に自らが責任をもたなくてはならないということを、身をもって悟り、こうして大きく精神的な成長を遂げていった」と述べている(注5)。しかし、本当にそうとだけ読んでいてよいのであろうか。

「僕」の目を通したエーミール像に関わって、もう一つ読むべきことがある。導入部で「私」は自分の蝶の収集を「客」に見せる。それを見て「客」は、展開部以降「僕」という一人称で自分の少年の日の思い出を語り始める。「僕は、八つか九つのとき、ちょう集めを始めた。」から始まる。

ということは、この語り手は、子どもの頃の「僕」でもあるが、同時におそらくは四十歳を越えた「僕」でもある。展開部以降の語り手は、子どもの時の「僕」と大人になった「僕」とが重なるかたちの構造になっている。

とするならば、新しいことが見えてくる。「この少年は、非の打ちどころがないという悪徳をもっていた。」「子供としては二倍も気味悪い性質だった。」「軽蔑的に見つめて」いるなどは、「僕」の目を通してのエーミール像と述べたが、それは子どもの時の「僕」だけでなく、大人になった「僕」が語っているエーミール像でもある。つまり「僕」は大人になった今も、「非の打ちどころがないという悪徳をもっていた。」「子供としては二倍も気味悪い性質だった。」という当時のエーミール像を今も引きずっているということになる。

もしかしたらエーミールは値踏みをしながらも、彼なりに蝶の「美」を大切にしていたかもしれない。エーミールはあの時、「僕」とは違った悲しみ方でクジャクヤママユの崩壊を悲しんでいたかもしれない。一方で、不器用な彼はそのことをうまく表現できなかったのかもしれない。――という可能性に大人になった今も、「僕」は全く思い至っていないということである。

「僕」は、確かに「一度起きたことは、もう償いのできないものだということを悟」り、自らの手で「ちょうを一つ一つ」「粉々に押しつぶ」すことで、自分の熱情とは違った世界や価値観があることを知る。そして、今までの生き方の象徴である蝶集めと決別する。その意味で「僕」は少年時代に別れを告げ、新しい生き方に踏み込んでいくということが読める。しかし、それは「僕」がそれまでのエーミール像を対象化したり更新したりしていくというまでのものではなかった。自分は「熱情」「興奮」「美」の世界、エーミールは「非の打ちどころがないという悪徳」「気味悪」さ――という二項対立の世界からは抜け出せていない。おそらくは、大人になった今もそれを十分には対象化したり克服したりできていない。

その意味で「僕」が「大きく精神的な成長を遂げていった」というだけの解釈には大きな読み落としがあることになる。（ただし、作品そのものがそういった読み落としを起こしやすい書き方になっていると見ることもできる。）そういう切り口でこの作品を評価すると、「少年の日の思い出」という作品の評価もまた更新される可能性がある。

〈注〉

(1)　本文は、中学校教科書『国語1』二〇一六年、光村図書による。

(2)　金くみ子「少年の日の思い出」、市毛勝雄他編『読み方授業のための教材分析　第6巻』一九八三年、明治図書

（3） 田中みどり『文芸研・教材研究ハンドブック「少年の日の思い出」』一九九三年、明治図書

（4） 竹内常一「罪は許されないのか」、田中実他編『文学の力×教材の力　中学校編1年』二〇〇一年、教育出版

（5） 前掲書(2)に同じ。

第八章　「字のない葉書」（向田邦子）

「字のない葉書」は、「私」が三十年以上経過した過去の出来事を回想するかたちで書かれている。一九四五年の四月に妹が学童疎開をするところから事件は始まる。一人で甲府に行く妹に父は自分宛の葉書を大量に渡す。「元気な日はマルを書いて、毎日一枚ずつポストに入れなさい。」ということである。はじめは大きなマルであったが、だんだん小さくなりバツに変わり、やがて葉書さえ来なくなる。三月目に母が迎えに行くと、妹はしらみだらけの頭で寝かされている。母が妹を連れて帰ると、父は裸足で外に飛び出し、娘の肩を抱き声を上げて泣く。丁寧な伏線と劇的なクライマックスという見事な仕掛けの作品である。また、導入部の最後の「最も心に残るものをといわれれば」「あの葉書」と、終結部の「あの字のない葉書は」「私は一度も見ていない」が、それらを演出している。

「字のない葉書」は、向田邦子の作品である。向田邦子（一九二九〜一九八一年）は、脚本家であり随筆家であり小説家である。「字のない葉書」は、一九七六年に雑誌『家庭画報』に発表され、その後一九七九年に単行本『眠る盃』（講談社）に収められた。

「随筆」として書かれたものだが、ここでは小説として取り上げる。構成・構造上も、描写・レトリックも完全に小説としての内実をもっている。言わば「小説として教材化」するということでもある。

教科書には一九八七年に掲載された。光村図書の中２国語である。その後、東京書籍（中２）、三省堂（中１）、学校図書（中１）も掲載している（注１）。

第1節　「字のない葉書」の構成・構造—構造よみ

「終戦の年の四月」に小一の末の妹が疎開に出る。しかし、つらい思いをして帰ってくることになった妹を家族で迎えるという話である。そこで父が見せる意外な人物像がこの作品の核となる。

この作品は導入部—展開部—山場—終結部の四部構成である。それを含む作品構造は、219頁のとおりである。

1　発端—暗示的な導入部から事件へ

導入部では父の「暴君」的な人物像、父と「私」の関係が述べられる。そして「優しい父の姿を見せた」ことはほとんどなかったが、「最も心に残るものをといわれれば、父が宛名を書き、妹が『文面』を書いた、あの葉書ということになろう。」と暗示的な一文が導入部の最後にある。重要な設定でクライマックスへの伏線にもなっている。

一行空けの後の次が発端である。

> 終戦の年の四月、小学校一年の末の妹が甲府に学童疎開をすることになった。

ここから「字のない葉書」をめぐるこの作品の主要な事件が始まる。それは、末の妹と父との関わりを軸とした事件である。また、この家族にとって、それまで手放さなかった末の妹を学童疎開というかたちで手放すという新しい出来事である。典型的な発端と言える。

書かれ方でも発端としての典型性を備えている。その前までの父の人物像、父と「私」の関係などは、ある日ある時の出来事ではなく、一定の期間またはそれ以上の長い時間のことをまとめて説明する書き方である。それに対し、一行空けの後の「終戦の年の四月」からは、ある日ある時のことになる。「元気な日はマルを書いて、毎日一枚ずつポストに入れなさい。」といった父の会話文もある。説明的な書き方からある日ある時の描写的な書き方に変わる。もちろんここが一行空きになっていることも（副次的ではあるが）発端の根拠の一つとなる。

「字のない葉書」の発端の特徴を整理すると、次のようになる。

「字のない葉書」の発端の特徴（着目の指標）

1　「字のない葉書」をめぐる事件がここから始まる。**（主要な事件の始まり）**

2　「字のない葉書」をめぐる末の妹と父との新たな関わり合いが始まる。**（主要な人物同士の関わり）**

（末の娘と家族との関わりも含まれる。）

3　手放さなかった妹を疎開に出す。**（非日常）**

4　「手紙は～かなりの数になった。」など説明的な書かれ方から「きちょうめんな筆で自分宛ての宛名を書いた。」「元気な日はマルを～入れなさい。」など描写的な書かれ方に変わる。**（説明的→描写的）**

2　クライマックスへの仕掛けを俯瞰する

（1）クライマックス―劇的な父親像の変容

クライマックスは、次の部分に含まれる。

夜遅く、出窓で見張っていた弟が、
「帰ってきたよ！」
と叫んだ。茶の間に座っていた父は、はだしで表へ飛び出した。防火用水桶の前で、やせた妹の肩を抱き、声を上げて泣いた。私は父が、大人の男が声を立てて泣くのを初めて見た。

これら全部をクライマックスとしてもよいが、決定的な出来事は父の行動であるから「茶の間に座っていた父は」からをクライマックスとしたい。「私は父が、大人の男が声を立てて泣くのを初めて見た。」は父の行動ではないが、この作品は「私」にとっての父親像の変容が大きな要素となっている。この一文も含めクライマックスとする。

導入部で紹介された「『ばかやろう！』の罵声やげんこつは日常」「大酒を飲み、かんしゃくを起こして母や子供たちに手を上げる父の姿」などという父親とは全く違う意外な姿が、ここで見える。この意外性こそが、この作品の事件の決定的部分である。それまでの父親の人物像を大きく裏切る、なりふり構わない父の姿、娘（末の妹）への熱い愛情がここから読める。それは、「私」にとっての衝撃であると同時に、読者にとっての衝撃でもある。そして、それはそのままこの作品の主題につながる。

「はだしで表へ飛び出した」「声を上げて泣いた」など緊張感、衝撃性という点でも読者へのアピールの度合いは高い。その上、「私は父が」を、わざわざ「大人の男が」と言い換えている。この言い換えも大きな意味をもつ。もちろん描写の密度も濃い。

事件

導入部｜展開部｜山場｜終結部

冒頭　死んだ父は筆まめな人であった。——

発端　終戦の年の四月、小学校一年の末の妹が甲府に学童疎開することになった。——

山場の始まり　妹が帰ってくる日、私と弟は家庭菜園のかぼちゃを全部収穫した。——

◎**クライマックス**　茶の間に座っていた父は、はだしで表へ飛び出した。防火用水桶の前で、やせた妹の肩を抱き、声を上げて泣いた。私は父が、大人の男が声を立てて泣くのを初めて見た。

＝

結末——私は父が、大人の男が声を立てて泣くのを初めて見た。

〈※クライマックス＝結末〉

末尾——誰がどこにしまったのかそれともなくなったのか、私は一度も見ていない。

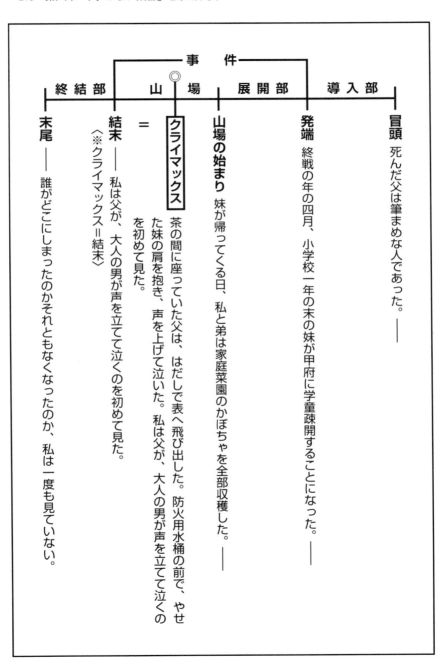

「字のない葉書」のクライマックスの特徴を整理すると、次のようになる。

「字のない葉書」のクライマックスの特徴（着目の指標）

1　それまで見せることのなかった意外な姿を、父が見せる決定的場面である。この意外性は「私」にとってのものであると同時に読者にとってのものでもある。**（事件が決定的）**

2　「私」の父に対する見方の変容、それを三十年間忘れない父への思い。**（主題との深い関わり）**

3　「はだしで」「飛び出した。」「やせた妹の肩を抱き」など描写の密度が濃い。**（描写の密度の濃さ）**

4　「はだしで表へ飛び出した」「声を上げて泣いた。」など緊張感・衝撃性が高く読者に強くアピールする。**（緊張感・衝撃性）**

5　「私は父が、大人の男が声を立てて泣くのを」と「大人の男が」を挿入している。**（表現上の工夫）**

（2）山場の始まりと終結部

山場の始まりは、このクライマックスに直接つながる妹の帰宅の場面、つまり「妹が帰ってくる日、私と弟は」からである。結末は、クライマックスと重なる。終結部は「あれから三十一年。父はなくなり、妹も当時の父に近い年になった。」と過去から現在に戻る。山場の衝撃性とは対照的な落ち着いた終結部である。

この作品は、クライマックスに向かって導入部、展開部、山場と見事に伏線が仕掛けられている。それらがクライマックスで実を結ぶ。終結部はそれを意味づける。

第2節　「字のない葉書」の形象・技法―形象よみ

1　題名「字のない葉書」を読む

実際の指導過程では、題名は主題の読みや吟味の過程で行うことがある。しかし、教材研究としては形象よみの始めに位置づける。

言うまでもなく「字のない葉書」自体が、仕掛けである。葉書には字が書かれているのが普通である。字のない葉書など通常は存在しない。それを「字のない葉書」という題名で示すことで、まず読者の心をつかむ。謎かけ的な効果とも言える。

それでも、たとえば「字がないということは絵か何かなのかな」などと思っていると、それも裏切られる。まさか字の書けない娘に父親が託した葉書のことであるとは、予想もつかない。それが「元気な日はマルを書いて、毎日一枚ずつポストに入れなさい。」という父の心遣いであったということ自体にもある驚きがある。

そして、題名の直後に「字のない葉書」とは真逆の「死んだ父は筆まめな人であった。」という本文の第一文が来る。題名と冒頭が相まって、うまく読者を戸惑わせている。そして、クライマックスのあの出来事の後、終結部で「あの字のない葉書は、誰がどこにしまったのかそれともなくなったのか、私は一度も見ていない。」と語られ作品が閉じられる。心憎い演出である。

2　導入部の形象

形象よみでまず重要なのは、導入部、展開部、山場、終結部それぞれで特にどの語句、どの文にこそ着目するのかを意識できることである。「鍵」の部分への着目である。授業でも、子どもが鍵の部分に自力で着目できるようしていくことに意味がある。それは構造よみで着目した「クライマックス」を意識することでより効果的に行える。この作品でも、その観点で見ていくと自然と鍵が見えてくる。

(1) 伏線としての父親の人物設定

導入部では父の人物像が重要な意味をもつ。ここからは父の様々な側面が読めるが、何より重要なのはクライマックスで見せる父親像とは真逆の「暴君」としての人物像である。そここそが導入部の鍵となる。

> 「おい、邦子！」／と呼び捨てにされ、「ばかやろう！」の罵声やげんこつは日常のことであった
> ふんどし一つで家中を歩き回り、大酒を飲み、かんしゃくを起こして母や子供たちに手を上げる父の姿

戦前の典型的な暴君型の父親像である。家父長制のもとで、当主は絶対的な位置にあることが少なくなかった。その意味では、この父親はそれほど特殊な父親像とは言えないのかもしれない。

とはいえ、「げんこつ」「手を上げる」とは、妻や子どもに暴力を振るうということである。また、「罵声」だから、妻や子どものことを口汚くののしる父親である。親として叱るというレベルではない。「ふんどし一つ」も、女性であれば許されないところを、家父長であることから許されているということである。ドメスティックバイオレンスであり、極端な男尊女卑のかたちである。「私」自身「暴君」とも言っている。

語り手である娘の「私」は、そういう父親を特に憎しみや強い非難をもって語っていないことには留意する必要がある。当時の父親像としては特別なものではないという意識なのかもしれないし、時間が経過したため

にもうそのことを今は強く思っていないということなのかもしれない。

いずれにしても、これらの父親像が伏線となってクライマックスで効果を発揮する。劇的効果である。仮に物腰の穏やかな普段から優しいような父親像であったとしたら、クライマックスはあれほど劇的にはならなかった。

ただし、この父親像は導入部段階で既に一部修正されている。冒頭の「筆まめな人」であり、「私」が親元を離れた際も「三日にあげず手紙をよこ」す。「手紙は一日に二通来ることもあり、一学期の別居期間にかなりの数になった。」ともある。また「私を貴女《あなた》」と呼ぶ。「私」はそれを「反面照れ性でもあった父は、他人行儀という形でしか十三歳の娘に手紙が書けなかったのであろう。」などと好意的に語っている。

導入部で既に「暴君」的父親像と同時に、それとは大きく違う意外な父親像が示される。設定とはいえ、この導入部自体が軽い事件性を含む。それが発端以降に、より劇的な事件へと発展していく。

（2）これから始まる事件が「私」の中でもつ意味

導入部で着目すべき部分が、右以外にある。それは導入部の最後にある次の部分である。

> 父は六十四歳でなくなったから、この手紙のあと、かれこれ三十年付き合ったことになるが、優しい父の姿を見せたのは、この手紙の中だけである。
> この手紙もなつかしいが、最も心に残るものをといわれれば、父が宛名を書き、妹が「文面」を書いた、あの葉書ということになろう。

「優しい父の姿を見せたのは、この手紙の中だけ」ということは、父には娘が優しいと感じる言動はほぼなかったことが窺える。「向田邦子殿」と書き、文章中で「貴女」と呼び、「貴女の学力では難しい漢字もあるが、勉強になるからまめに字引を引くように。」程度の文面で「優しい父の姿」というくらいだから、普段の父の娘への接し方、さらには家族への接し方が推測できる。

そして導入部の最後には「最も心に残るものをといわれれば、父が宛名を書き、妹が『文面』を書いた、あの葉書」と、「字のない葉書」をめぐりよほどのことが起こったことを予想させる一文がある。その上、この出来事の後「三十年以上付き合」い、既に「死んだ父」とあるのだから、かなり昔のことになる。それでも今なお「最も心に残る」と述べている。これから起こる事件の大きさへの期待が、読者の中で醸成される仕掛けである。

3 展開部の形象―妹の葉書の変化と父親の姿

展開部から事件が動き出す。着目すべきは、その事件がより大きく変化する節目、つまり「事件の発展」である。それが展開部の鍵となる部分である。事件とはいっても、そこでは登場人物たちの変容や意外な側面の顕在化など様々な人物像が同時に読めてくる。

この作品では、妹の疎開をめぐる「字のない葉書」の中身それ自体が事件である。だから、この展開部で着目すべき部分は、クライマックスに向かって変化する妹の「字のない葉書」の変化とそれと連動する出来事である。それがここでの「事件の発展」となる。

父はおびただしい葉書にきちょうめんな筆で自分宛ての宛名を書いた。
「元気な日はマルを書いて、毎日一枚ずつポストに入れなさい。」

一週間ほどで、初めての葉書が着いた。紙いっぱいはみ出すほどの、威勢のいい赤鉛筆の大マルである。←
ところが、次の日からマルは急激に小さくなっていった。情けない黒鉛筆の小マルは、ついにバツに変わった。←
まもなくバツの葉書も来なくなった。←

これらが「事件の発展」である。まず、この葉書から導入部でも見た父のまめさが読める。遠く離れた見ず知らずの土地に疎開する幼い娘へのせめてもの配慮である。

はじめは「地元婦人会が赤飯やぼた餅を振る舞って歓迎してくださった」のだから、大マルは当然である。しかし、食料事情がよくない中、そんな状態が続くはずはない。小さいマルになりバツに変わり葉書も来なくなる。よくある下降線の事件展開である。

この時の父や母の妹への心配は計り知れぬほどのものであったはずである。しかし、それについては直接の記述は何もない。推察はできるものの、直接の記述が全くないからこそ、クライマックスの父の姿が一層衝撃的になる。あえて父や母の心配する姿が書かれていないということ自体が伏線・仕掛けと言えるかもしれない。

4　山場の形象―クライマックスの三つの文をどう読むか

山場は「妹が帰ってくる日」からであるが、その直後の次がクライマックスである。再掲する。

茶の間に座っていた父は、はだしで表へ飛び出した。防火用水桶の前で、やせた妹の肩を抱き、声を上げて泣いた。私は父が、大人の男が声を立てて泣くのを初めて見た。

「やせた妹の肩を抱き、声を上げて泣いた。」が衝撃的である。戦後しばらくまで「男は人前で泣くものではない。」「男が人前で泣くのは、親が死んだときだけ。」などと言われていた。まして戦中のこの時期、男性が人前で泣くことはかなりはばかられていた。それも家族の前で泣いたというだけでない。「防火用水桶の前」だから、おそらくは家の前の路上である。近所の人たちからも見られる可能性がある場所で泣いていたことになる。それも「声を上げて」いる。普通ありえないことである。

それも、導入部で紹介されているように「『ばかやろう!』の罵声やげんこつは日常のこと」「ふんどし一つで家中を歩き回り、大酒を飲み、かんしゃくを起こして母や子供たちに手を上げる」「暴君」の父である。その落差・意外さは一層のものである。

「はだしで表へ飛び出した。」も、普通のことではない。子どもならまだしも、大人が靴をはかずに裸足のまま表へ出るなど、よほど緊急の時以外にはありえない。いくらつらい思いをして帰って来た娘とはいえ、今死ぬ生きるという場面ではない。にもかかわらず、「はだしで表へ飛び出」す。これも、家族みんなが見ている状況であり、場合によっては近所の人たちからも見られるかもしれないという状況での裸足の飛び出しである。

そこまで父は耐えきれない気持ちで娘を待っていたことがわかる。「茶の間に座っていた」ということは、表面上は家族には普段どおりであるかのような姿を見せていた。しかし、「帰って来たよ!」と息子が叫ぶと、抑えきれなくなって飛び出したのである。ここから類推すると、右で見てきた展開部で娘の葉書の「威勢のいいマル」が「小さく」なり「バツに変わ」り、やがては「バツの葉書も来なくな」る過程で、父がどれくらい気を揉んでいたかが見えてくる。これは、クライマックスから展開部に遡る読みである。娘を疎開に出したことを後悔していた可能性も高い。おそらくは父はそのことを妻も含め家族に嘆いたり漏らしたりはしてこなかったのであろう。その気持ちが抑えきれなくなって「はだしで」飛び出し「声を上げて泣」くということになる。

「私は父が、大人の男が声を立てて泣くのを初めて見た。」からも多くが読める。「私」がそれまで父が泣く姿を見たことがないことは予想どおりである。家族にさえ泣いている姿を見せない父。その父が家族だけでなく近所の人に見られるかもしれない中で声を上げて泣く。

そして、ここではその時の「私」の驚きが読める。「私」は導入部のように普段の父の姿を見てきている。その父が全く予想外な姿を見せたことへの驚きである。導入部に「最も心に残るものをといわれれば」「あの葉書ということになろう。」とあるように、その後「私」の中で一番忘れられない出来事として残り続ける。それくらいの衝撃を「私」は受けたことになる。「暴君」であった父が、それとは全く違った側面（末娘へのなりふり構わない愛情）を見せたことについて、「私」は（少なくとも現在は）かなりの共感をもって見ていることもわかる。それらから、この作品の主題が浮かび上がってくる。

「私は父が、声を立てて泣くのを初めて見た。」ではない。「私は父が、大人の男が声を立てて泣くのを初めて見た。」と「大人の男が」が入る。既に読んだとおり当時は大人の男が人前で泣くことは稀であった。だから「私」は大人の男が泣いている姿を見たという経験は全くないのであろう。ところが、目の前で「大人の男」が泣いている。それも「声を立てて」泣いる。そして、その「大人の男」は他ならぬ父であった。「私」にとっての衝撃性・意外性がより累加される。

このクライマックスは、父という人物が全く予想外の側面（娘へのなりふり構わない愛情）を見せたことについて読者が衝撃を受けるものである。と同時に「私」が強い衝撃を受けていることに読者は共感するという仕掛けになっている。意外性・衝撃性には二重の意味がある。

5 終結部の形象―淡々とした後話の効果

終結部は次のとおりである。

> あれから三十一年。父はなくなり、妹も当時の父に近い年になった。だが、あの字のない葉書は、誰がどこにしまったのかそれともなくなったのか、私は一度も見ていない。

衝撃的な山場とはうって変わった落ち着いた淡々とした終結部である。この切り替えが心憎い。出来事への感想や感慨は、直接には語っていない。「三十一年」経ち、幼くやせていた妹が父の年齢に近づくほどになったが、あの葉書は「一度も見ていない。」と続く。

しかし、それだけの時間が経っているにもかかわらず、決して忘れられない出来事であったことを、導入部の「最も心に残るものをといわれれば、父が宛名を書き、妹が『文面』を書いた、あの葉書ということになろう。」と呼応させ印象づける役割を果たす。それくらい「私」にとって重要な一瞬であったということである。「あの字のない葉書は」「私は一度も見ていない。」は、ただ葉書が行方不明なこと、それゆえ「私」は見ていないことを述べているだけに見える。しかし、「一度も見ていない。」と末尾でわざわざ語るということは、できればあの葉書をもう一度見てみたい、それだけの出来事であったのだからという思いがあると読める。

第3節　「字のない葉書」の吟味・評価──吟味よみ

1 伏線からクライマックスへの心憎い仕掛け

「暴君」としての側面をもちながらも、もう一方では几帳面な姿も見せていた父。そして、クライマックスで、それらとは全く違った幼い娘へのなりふり構わない愛情を見せた父。三十年以上を経た今、「私」は改めて父のそういう側面に確かに共感している。それは導入部と展開部で丁寧に仕掛けられた伏線と、それが効果的に回収されるクライマックスの仕掛け、さらに「あれから三十一年」から始まる終結部による。それらが感動的に演出されている。

まず、丁寧に積み重ねられた伏線は周到である。「筆まめ」から始まり、「『ばかやろう！』の罵声」「げんこつは日常」「大酒を飲み、かんしゃくを起こして母や子供たちに手を上げる父の姿」が示される。さらに「照れ性でもあった父」などという見方も示される。

それら重層的な伏線が仕掛けられた上でのクライマックスである。「はだしで表へ飛び出し」「やせた妹の肩を抱き」「声を上げて泣いた。」「父が、大人の男が声を立てて泣くのを初めて見た。」という表現で読者の心を強く揺さぶる。既に述べたが、読者はその父の意外な姿に驚き衝撃を受けるだけではない。そういう父の姿に驚き、その後長く心に刻み続けている娘の「私」の見方にも感銘を受ける二重の仕掛けになっている。

そして、それを「あれから三十一年。父はなくなり、妹も当時の父に近い年になった。」から始まる終結部が、その出来事を忘れ得ない大切なものとして意味づけている。見事な筆の力と言える。

2 三十年以上経過していることの意味をどう評価するか

とはいえ、それは現在は父とも死別し、出来事から三十年も経ているからこその感銘であるとも言えなくはない。「ばかやろう！」「大酒を飲み」「母や子供たちに手を上げる父」に、当時「私」や母は恐怖を抱いていたに違いないし、それなりに憎しみの感情をもったことがあるかもしれない。父の行為は、「愛の鞭」などと言って片づけられるレベルのものではない。

もちろん、それは当時の日本の父親の典型的な姿の一つと言えるものなのであろう。家父長主義的な家族が、それなりに普通に存在しており、そこではある程度の暴力や暴言はめずらしいことではなかったのかもしれない。その意味でこの父親は、意識・無意識は別として既によくある父親像を知っていて（学んでいて）、それを自ら体現していただけという側面もある。この父親の暴力・暴言そのものも、子どもにひどい怪我を負わせたり、取り返しのつかないトラウマを背負わせたりというレベルのものではないのかもしれない。

とはいえ、それはドメスティックバイオレンスに違いなく、その時の子どもや妻の恐怖や憎しみは錯覚などではない。「筆まめ」「反面照れ性」「きちょうめんな筆」、そしてクライマックスでの感動的な言動によって相殺されるべきものではないとも考えられる。死別し、かなりの時間が経過したからこそ、今さらながらに語れる「美談」と見ることもできるかもしれない。もちろん周到に仕掛けられた見事な「美談」である。「私」としては、父の思い出を（その実像がどうであれ）美しくドラマチックなものとして意味づけておきたかったという可能性も読める。

実際の授業でそこまでの読みを取り上げるかどうかは、学級の状況や指導のねらいによって違う。しかし、これらのことを仮に取り上げない場合でも、教師としてはそういった読みが子どもから出てくる可能性を予測しておいてもいいはずである。もちろん、これらのことを正面から問いかける授業があってもよい。いずれにしても、どう読み拓いていくかは読者一人一人が決めることである。取り上げる場合は、本文の記述に戻りつつ子どもたちに丁寧に論議させることが必要である。

〈注〉

(1)　本文は、中学校国語教科書『国語2』二〇一六年、光村図書による。

第九章　「故郷」（魯迅／竹内好訳）

「故郷」は、「私」が二十年ぶりに故郷に帰省し、家を引き払い母親と甥のホンルを連れて故郷を離れるまでを描いた作品である。「私」の一人称で語られ、山場のクライマックス、終結部の第二のクライマックス、それぞれから様々なことが読める。

「故郷」は、魯迅の作品である。魯迅（一八八一～一九三六年）は、中国の小説家、翻訳家、思想家である。「故郷」は、一九二一年に雑誌『新青年』に発表され、その後一九二三年に単行本『吶喊《とつかん》』（中国・新潮社）に収められた。「故郷」の翻訳は、竹内好、高橋和巳、増田渉、駒田信二、藤田省三など数多くあるが、本稿では竹内好のものを使った（注1）。

教科書には一九五三年に掲載された。教育出版の中3国語である。その後、多くの教科書に掲載され、現在はすべての中3国語に掲載されている。どの教科書も竹内好の翻訳を使っている。

第1節　「故郷」の構成・構造―構造よみ

この作品は導入部―展開部―山場―終結部の四部構成である。それを含む作品構造・その一を次頁に示した。

1　発端―「私」が故郷に降り立つ

この作品の発端は、私が故郷に降り立つ「明くる日の朝早く、私は我が家の表門に立った。」である。

それ以前は、冒頭から「厳しい寒さの中を、二千里の果てから、別れて二十年にもなる故郷へ、私は帰った。」

事　件

導入部　展開部　山　場　終結部

冒頭　厳しい寒さの中を、二千里の果てから、別れて二十年にもなる故郷へ、私は帰った――

発端　明くる日の朝早く、私は我が家の表門に立った。――

山場の始まり　ある寒い日の午後、私は食後の茶でくつろいでいた。――

◎ **クライマックス**　「旦那様！　……。」／私は身震いしたらしかった。

＝

結末――　この古い家にあった大小さまざまのがらくた類は、すっかり片づいていた。

末尾――　歩く人が多くなれば、それが道になるのだ。

という概括的な説明がある。次いで、船上での「私」の故郷への印象が述べられ、再び「今度は、故郷に別れを告げに来たのである。」と説明に戻る。

船上での「私」の故郷への思いは一定程度描写的ではあるが、まだ故郷との本格的な関わりではない。故郷の風景を見た「私」の第一印象である。冒頭の一文の説明、そして帰郷の説明が前後にあることを考えると、ここはまだ導入部と読む方が自然である。船上での故郷の風景への「私」の様々な思いは、実際に故郷に降り立つ以前の先行事件と読むこともできる。

この作品の主要な事件は、「私」と故郷との関わりによって成り立っていると読める。より具体的には「私」とルントウ、「私」とヤンおばさん、「私」とホンルとシュイションなど故郷の人々との関わりである。その始まりは、「私」が故郷に降り立ち、母から「ルントウ」の名前を聞き、昔の思い出が一気によみがえるところである。

ここからは「明くる日の朝早く」と日時がより具体的になってもいる。また、終結部との関係で導入部を見ていくこともできる。終結部は、「私」が今住んでいる都会に向かう船の中であろう。とすると、その直前の「夕方になって、私たちが船に乗り込む頃には、この古い家にあった大小さまざまのがらくた類は、すっかり片づいていた。」が結末であり、（段落がかわる）その次の「船はひたすら前進した。」から終結部が始まると読める。それを考えると、故郷に戻る船中での思索や説明が導入部、都会に戻る船中での思索や説明が終結部という対応で読むことは自然である。主要な事件は、「私」が故郷に降り立ってから故郷を離れるまでということになる。

「故郷」の発端の特徴を整理すると、次のようになる。

「故郷」の発端の特徴（着目の指標）

1　「私」と故郷との関わりという主要な事件がここから始まる。**（主要な事件の始まり）**

2　「私」と（思い出の中の）ルントウとの関わりが始まる。**（主要な人物同士の関わり）（非日常）**

3　「私」が帰郷した経緯などの説明からある日ある時の描写になる。**（説明的→描写的）**

2　山場と終結部の二つのクライマックス

この作品は、既に述べたとおり導入部―展開部―山場―終結部の四部構成である。その点で典型的と言える。しかし、この作品には、山場に事件上の破局のクライマックスがあるだけでなく、終結部にも「私」の思いとしてのクライマックスがあると見ることができる。山場のクライマックスは明らかに破局のクラマックスだが、終結部は解決でもないものの破局とは言い切れない終わり方をしている。

故郷に到着した「私」は、母からルントウの名前を聞くと、「このとき突然、私の脳裏に不思議な画面が繰り広げられた」となる。そして、「今、母の口から彼の名が出たので、この子供の頃の思い出が、電光のように一挙によみがえり、私はやっと美しい故郷を見た思いがした。」とある。ところが、何日か後に「私」の所に来たルントウは、「私」の「ああルンちゃん―よく来たね……。」という呼びかけに、「旦那様」と応える。

「旦那様！……。」
私は身震いしたらしかった。

その直後には「悲しむべき厚い壁が、二人の間を隔ててしまったのを感じた。私は口がきけなかった。」がある。明らかに解決→破局としての事件の上のクライマックスである。

ところが、作品の終結部で「私」は若いホンルとシュイションのこと、これからの若い世代のことについて思考し始める。そして、希望をもったり絶望をしたりしながら、最後に「歩く人が多くなれば、それが道になるのだ。」という結論を出す。

> 思うに希望とは、もともとあるものともいえぬし、ないものともいえない。それは地上の道のようなものである。もともと地上には道はない。歩く人が多くなれば、それが道になるのだ。

これは、希望ではないものの、絶望とも違う。少なくとも、クライマックスの「旦那様！　……。」という破局・絶望とは違う。通常、クライマックスが破局であれば、作品は破局で終わるはずである。しかし、この作品は、そうなってはいない。ということは、この作品には二つのクライマックスがあると見るしかないということである。一つ目のクライマックス「『旦那様！　……。』／私は身震いしたらしかった。」は、事件の上のクライマックスであり、もう一つのクライマックス、「歩く人が多くなれば、それが道になるのだ。」は、私の思考または思いの上のクライマックスである。前者を叙事の上のクラマックス、後者を叙情の上のクライマックスと言い換えられるかもしれない。

後者には表だった具体的な出来事はない。心の中の見方のみの変容である。この時「私」は船の中で思索しているだけである。これは、この小説が「私」自身を語り手とする一人称小説であることと深く関わる。三人称小説に比べると、語り手の見方・考え方自体がより前面に出てくる。

第一のクライマックス、第二のクライマックスそれぞれの特徴を整理すると、次のようになる。

第一のクライマックス（「旦那様！　……。」／私は身震いしたらしかった。）の特徴（着目の指標）

1　「私」と故郷の関係の中で中核的な位置を占めるルントウとの関係が破局を迎える。**（事件が決定的）**
2　「ああルンちゃん」と比べてあまりにも落差のある「旦那様」という言葉の衝撃は大きい。**（衝撃の大きさ―読者へのアピールの強さ）**
3　「旦那様！」という会話文で描写が特に濃い。**（描写の密度の濃さ）**
4　自分のことなのに「身震いしたらしかった。」と他人のことのように表現している。**（表現上の工夫）**
5　故郷への「私」の絶望という主題の一つを担う。**（主題との深い関わり）**

第二のクライマックス（歩く人が多くなれば、それが道になるのだ。）の特徴（着目の指標）

1　「私」にとっての「新しい生活」に対する見方の結論となっている。**（「私」の思いが決定的）**
2　「新しい生活を。」→「手製の偶像にすぎぬのではないか。」という煩悶の末に生み出した「歩く人が多くなれば、それが道になるのだ。」という新たな結論である。**（思考過程が読者にアピール）**
3　右の弁証法的思考過程そのものがこの作品における重要な仕掛けと言える。**（大きな仕掛け）**
4　「歩く人が多くなれば、それが道になる」が主題を大きく担う。**（主題との深い関わり）**

第一のクライマックスと第二のクライマックスを位置づけた構造（構造・その二）は次頁のとおりとなる。

なお、山場は、第一のクライマックス「『旦那様！……。』／私は身震いしたらしかった。」につながる「ある寒い日の午後、私は食後の茶でくつろいでいた。」からである。

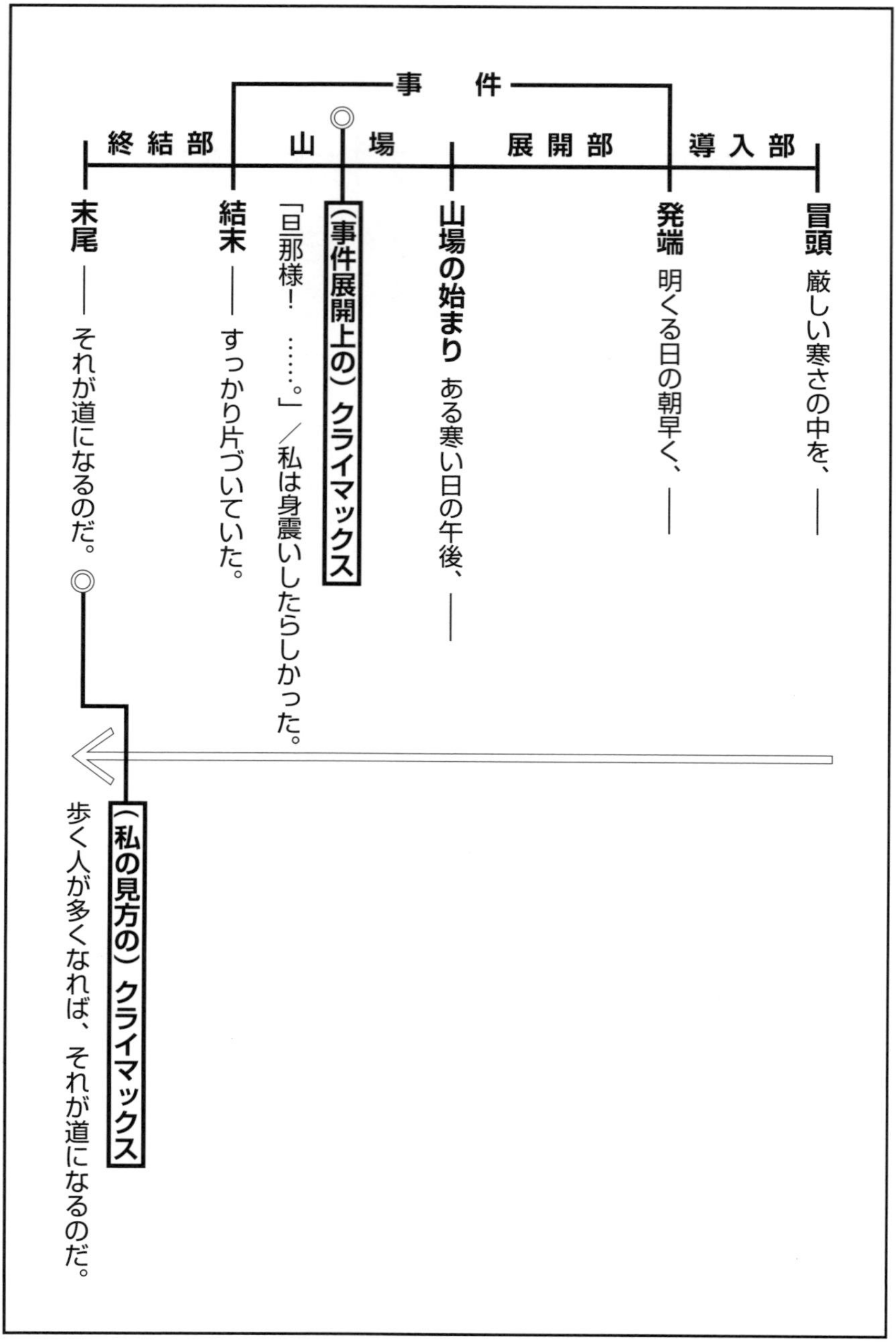
事件
導入部
展開部
山場
終結部
冒頭 厳しい寒さの中を、――
発端 明くる日の朝早く、――
山場の始まり ある寒い日の午後、――
（事件展開上の）クライマックス
「旦那様！ ……。」／私は身震いしたらしかった。
結末 ―― すっかり片づいていた。
末尾 ―― それが道になるのだ。
（私の見方の）クライマックス
歩く人が多くなれば、それが道になるのだ。

第2節　「故郷」の形象・技法―形象よみ

1　導入部の形象

この導入部は、四つの部分からなる。

第一は「厳しい寒さの中を、二千里の果てから、別れて二十年にもなる故郷へ、私は帰った。」の概括的な事情を寒さや距離とともに述べる冒頭の一文である。

第二は「もう真冬の候であった。」から「覚えず寂寥の感が胸に込み上げた。」までである。ここでは、「空模様」「冷たい風」「鉛色の空」といった天候などだけでなく「わびしい村々が、いささかの活気もなく、あちこちに横たわっていた。」と村の様子も述べられる。そして「覚えず寂寥の感」が胸に込み上げる。後半は、既に次の第三の部分を一部先取りする記述がある。

第三は「ああ、これが二十年来、片時も忘れることのなかった故郷であろうか。」と故郷への絶望から始まる。続いて「もっとずっとよかった。」となり、「やはりこんなふうだったかもしれない」と変わり、最後に「もともと故郷はこんなふうなのだ。」「そう感じるのは、自分の心境が変わっただけだ。」と結論づける。

第四は「今度は、故郷に別れを告げにきたのである。」から、再び今回の帰郷の事情が説明的に述べられる。

（1）否定的ベクトルの冒頭と導入部を読む

まず、冒頭の一文から読んでいく。

> 厳しい寒さの中を、二千里の果てから、別れて二十年にもなる故郷へ、私は帰った。

まず、この故郷は、今私が住んでいる場所からかなり遠いことがわかる。「別れて二十年」と「別れて」を使い、「千里の果て」と現在の居住地を「果て」と言う。故郷が「果て」ではなく、現在の居住地が「果て」なのである。「果て」は「地の果て」など否定的な意味をもつ。二十年ぶりに戻ってきたこの地こそ自分にとっての「居場所」と感じている可能性がある。「故郷」という言葉には、生まれた土地というだけでなく、「ふるさと」とも言い換えられるように自分になじみ深い地、心のより所というニュアンスもある。この後の「二十年来、片時も忘れることのなかった故郷」という言い方からも、それは確認できる。「私」にとっての故郷は、よい思い出が比較的多いのかもしれないとも考えられる。いずれにしても、そのように自分の生まれた土地を大事に思っている人物である。

この後の導入部後半（第四の部分）では、「私」は二十年ぶりのこの地を「故郷」と言うかわりに、現在の居住地を「異郷の地」と言っている。「異郷の地」は今、故郷にいる立場から現在の居住地を見ているからとも言えるが、それ以上に「二千里の果て」とも相まって「私」は現在の居住地を第二の故郷とは思っていない、今の生活に満足していない可能性が読める。今の生活に満足している人物が、「二千里の果て」「異郷の地」とは言わないであろう。

それにしても、そこまで大切に思っている故郷になぜ二十年も帰ってこなかったのかという疑問も生まれる。もちろん今と違って交通事情がよくないということもあるだろう。しかし、それにしても大切に思っている故郷ならば、一度や二度は帰ってきてもよかったはずである。なぜ二十年間も帰ってこなかったのか。たとえば、あまりにも忙しすぎた。精神的な余裕がなかった。経済的に余裕がなかった。懐かしいとは思いつつもどうしても帰りたい気持ちにはなれなかった。——などの可能性が推測できる。

さらには、それほどの距離の旅であるのに、なぜわざわざ「厳しい寒さ」の時期を選択したのかという疑問も生まれる。もっと気候の良い時期に帰郷してもよいはずである。ここから、今回の帰郷が比較的切羽詰まったものである可能性が読める。当然「私」にとって休養などの楽しい旅などではないことが推測できる。もちろん導入部後半で「故郷に別れを告げに来たのである。」「どうしても旧暦の正月の前に、住み慣れた古い家に別れ、なじみ深い故郷をあとにして」などから、そのことは確認できる。

いずれにしても、冒頭から「厳しい寒さの中」「二千里の果て」「別れて二十年にもなる」と否定的なニュアンスの形象が並ぶ。悲しい帰郷を予感させる否定的なベクトルである。

また、導入部後半（第四の部分）に「長いこと一族で住んでいた古い家は、今はもう他人の持ち物になってしまった」とある。やはり私にとってかなりつらい帰郷ということがわかる。それも「どうしても旧暦の正月の前に」「引っ越さねばならない」ということは、かなり切羽詰まっていることがわかる。現在は「真冬」つまり一月前後だろうから、それから一か月足らずのうちに明け渡さないといけないというぎりぎりの事情である。

「一族」と言い、「古い家」「他人の持ち物になって」という以上、おそらく一定の身分の家族であり、一時期は裕福であったことを窺わせる。それが、経済的な没落が原因であろうか、もうここにはこのままいられなくなったということである。

この通奏低音のような暗さが、この後のルントウの名前とともによみがえる子どもの頃の「美しい故郷」の思い出との対比を強め、またさらに現在のルントウとの出会いに伴う「私」の絶望を強めるというかたちになる。さらにこの時の「子だくさん、凶作、重い税金、兵隊、匪賊、役人、地主、みんな寄ってたかって彼をいじめて、でくのぼうみたいな人間にしてしまったのだ。」といった時代状況の重さ・暗さともシンクロする。

冒頭部分から「私」の人物像も読める。「別れて二十年にもなる故郷へ、私は帰った。」というのだから、

「私」は一定以上の年齢であることがわかる。仮に十代半ばから二十代で故郷を出たとすると、現在三十代から四十代ということになる。もちろんそれ以上それ以下ということもあるが、通常予測される年齢はその範囲であろう。

また、「私」という自称から、一般の農民・庶民ではなく、それなりに教養をもった人物である可能性も読める。「私」自身が語り手であることを考えれば、「覚えず寂寥の感」などという文体から、一定の知識・教養をもった人物らしいことは窺える。

(2)「わびしい村々」そして弁証法的煩悶

続いて天候だけでなく、故郷の村々の様子、私の暗い気持ちが示される。第二の部分である。

> もう真冬の候であった。そのうえ、故郷へ近づくにつれて、空模様は怪しくなり、冷たい風がヒューヒュー音を立てて、船の中まで吹き込んできた。苫のすき間から外をうかがうと、鉛色の空の下、わびしい村々が、いささかの活気もなく、あちこちに横たわっていた。覚えず寂寥の感が胸に込み上げた。

ただでさえ否定的な旅であるのに、「空模様は怪しくなり、冷たい風がヒューヒュー音を立て、船の中まで吹き込んで」くる。一層わびしく悲しく感じられてくる状況である。

そして、自分が大切に思ってきたであろう故郷の村々を「わびしい村々」と言い、「いささかの活気もなく」と述べる。実際がどうであったかも大切であるが、「私」の目にそう見えていることが重要である。その直後、「私」は「覚えず」つまり思いがけず、思わず、意識しないうちに「寂寥の感」が胸に込み上げてくる。「寂寥」とはさびしいこと、わびしいことである。

「寂寥の感」を受ける形で第三の部分にそのまま入っていく。


ああ、これが二十年来、片時も忘れることのなかった故郷であろうか。

私の覚えている故郷は、まるでこんなふうではなかった。私の故郷は、もっとずっとよかった。その美しさを思い浮かべ、その長所を言葉に表そうとすると、しかし、その影はかき消され、言葉は失われてしまう。やはりこんなふうだったかもしれないという気がしてくる。そこで私は、こう自分に言い聞かせた。もともと故郷はこんなふうなのだ――進歩もないかわりに、私が感じるような寂寥もありはしない。そう感じるのは、自分の心境が変わっただけだ。なぜなら、今度の帰郷は決して楽しいものではないのだから。


「寂寥の感」を受けて、「私」は様々に思索していく。その思索の仕方から、この作品の終結部にもつながる伏線が読める。また、そこから「私」の人物像も窺える。

私は二十年ぶりの故郷に「覚えず寂寥の感」をもち、「ああ、これが二十年来、片時も忘れることのなかった故郷であろうか。」「私の覚えている故郷は、まるでこんなふうではなかった。」と思う。「ああ」という表現まで使って、その寂寥の強さを示す。

そして、「私の故郷は、もっとずっとよかった。」と思う。自分が思い続けた故郷と眼前の故郷との落差を嘆きつつも、こんなはずではないと考える。少なくとも故郷はもっと良いものであるはずだという「私」の強い思いがある。

しかし、次に「その美しさを思い浮かべ、その長所を言葉に表そうとすると、しかし、その影はかき消され、言葉は失われてしまう。やはりこんなふうだったかもしれないという気がしてくる。」となる。「もっとずっとよかった」と、自分が思い続けていた故郷そのものが、もともとなかったのではないかという思いである。自分が考えていた良き故郷の否定である。

ところが、「私」の思索はそれで終わらない。さらに次の瞬間に、新たな見方が訪れる。「もともと故郷は、こんな風なのだ――進歩もないかわりに、私が感じるような寂寥もありはしない。」という見方である。美しい故郷でも、わびしい故郷でもない。いずれも違うと否定する。そしてその理由を「そう感じるのは、自分の心境が変わっただけだ。なぜなら、今度の帰郷は決して楽しいものではないのだから。」と結論づける。

考えが変わりやすいとも言えるが、知的で思索深いとも言える。いずれにしてもこの煩悶・思考は、「Aである。」→「いやAではないBだ。」→「いやAでもBでもない。Cだ。」という思考法になっている。これは、弁証法的な思考法とも言いうる。

この思考法は、実はこの作品の終結部で、それも第二のクライマックスに向かう思考過程で再度出てくる。その意味で、この導入部の弁証法的思考は、伏線的な意味をもつとも読める。少なくとも、この作品にとって、この思考法、見方・考え方が重要な位置を占めている可能性がある。

もちろん、そこから、そういう思考を行う「私」の知的な人物像も見えてくる。

2 展開部の形象

(1) ルントウとの思い出が劇的に蘇る

ここから「私」は故郷の地に降り立つ。その直後に、母の「ルントウ」という言葉から、突然「私の脳裏に不思議な画面が繰り広げられ」る。

このとき突然、私の脳裏に不思議な画面が繰り広げられた——紺碧の空に、金色の丸い月が懸かっている。その下は海辺の砂地で、見渡すかぎり緑のすいかが植わっている。その真ん中に、十一、二歳の少年が、銀の首輪をつるし、鉄の刺叉を手にして立っている。そして、一匹の「チャー」（猹）を目がけて、

これは、もちろん「私」の頭の中の想像だが、鮮やかで具体的である。この後に、三十年近い昔のルントウと「私」の出会いが回想のかたちで描かれ、次の一文につながる。

今、母の口から彼の名が出たので、この子供の頃の思い出が、電光のように一挙によみがえり、私はやっと美しい故郷を見た思いがした。

右の二カ所は、ほとんど時間が経っていない。ほぼ同時とも言える物理的な時間である。しかし、今述べたとおり、右の二カ所の間にかなり丁寧なルントウと「私」の回想部分がある。教科書にすると約3～4頁程度の記述である。それだけのことが「電光のように一挙によみがえ」ったことになる。その「電光」の大きさが推察される。

この「脳裏」「電光」は、三つの意味で「事件の発展」として大きな意味をもつ。

一つ目は、導入部で「もともと故郷は、こんなふうなのだ——進歩もないかわりに、私が感じるような寂寥もありはしない。」と思いつつも、やはり「今度の帰郷は決して楽しいものではない」と故郷にかなり残念な気持ちをもっている。だから、ここでルントウの名前とともに「私」は「やっと美しい故郷を見た思い」にな

ることの意味は大きい。大きな救いであり、発展と言える。

二つ目は、これだけ「電光」のように「美しい故郷」を見ただけに、この後に山場で実際に出会う現在のルントウの姿との落差が大きくなる。そして、クライマックスの「旦那様！……。」の衝撃がそれだけ大きくなることになる。

三つ目は、ここで「私」の「脳裏」に「繰り広げられた」画面が終結部で再び蘇る。作品の末尾直前に「まどろみかけた私の目に、海辺の広い緑の砂地が浮かんでくる。その上の紺碧の空には、金色の丸い月が懸かっている。」がある。この後、「思うに希望とは、もともとあるものともいえぬし、ないものともいえない。」「歩く人が多くなれば、それが道になるのだ。」になる。「私」の最終的な見方を導き出す重要な部分である。子どもの頃のルントウとの思い出が、楽観的な希望でも救いようのない絶望でもない「歩く人が多くなれば、それが道になるのだ。」につながると読める。

「紺碧の空」は、黒みを帯びた濃い青である。暗い色ではあるが、導入部の「鉛色の空」のニュアンスとは大きく異なる。月明かりの中の夜の空である。日本語訳にした際の「コンペキ」という音もきりっとしまっている。そこに金色の丸い月、満月であろうか。黄色を「金色」と表現している時点で既に肯定的である。雲もなく綺麗に金色の満月が見える。その下には「見渡すかぎり緑のすいか」である。月明かりで一面のすいか畑の緑が鮮やかである。金色とのコントラストも美しい。

そこに「銀の首輪をつるし、鉄の刺叉を手にし」たルントウが立っている。ヒロイックな物語的な姿である。そこにいる得体の知れない「チャー」を、その刺叉で突くが、「チャー」はひらりと身をかわして逃げていく。

これらは、ルントウから聞いた話で、「私」が実際に見たものではないだろう。しかし、三十年前のその時想像した記憶が鮮やかに蘇る。私にとって忘れられない鮮やかな美しい思い出であることがわかる。

右の二つの記述の間にあるルントウについての描写も重要な意味をもつ。ここでは、時に次の二カ所に注目したい。

飛んでいってみると、彼は台所にいた。艶のいい丸顔で、小さな毛織りの帽子をかぶり、きらきらと光る銀の首輪をはめていた。

ああ、ルントウの心は神秘の宝庫で、私の遊び仲間とは大違いだ。こんなことは、私の友達は何も知ってはいない。ルントウが海辺にいるとき、彼らは私と同様、高い塀に囲まれた中庭から四角な空を眺めているだけなのだ。

特に「坊ちゃん」育ちの当時の「私」にとって、ルントウは強い憧れであり、広い世界を見せてくれる特別な人物であったことがわかる。そして、ルントウの「艶のいい丸顔」「きらきら光る銀の首輪」「心は神秘の宝庫」などは、この後山場で現在のルントウと「私」が再会する場面の伏線として意味をもつ。子どもの頃の「私」とルントウの関係性との違いの大きさを際立たせることになる。

この子どものルントウの描写とそれについての「私」の見方を、際立たせる表現の仕掛けがここにはある。ルントウが鳥を捕る話をすると、「私」は「それからは雪の降るのが待ち遠しくなった。」と思う。そして、ルントウがチャーの話をする。「刺叉があるじゃないか。忍び寄って、チャーを見つけたら突くのさ。」などの話である。それに「私」は「こんなにたくさん珍しいことがあろうなど、それまで私は思ってもみなかった。」

と反応する。さらに、ルントウは「跳ね魚」の話をする。「みんな、かえるみたいな足が二本あって……。」するとと「私」は「ああ、ルントウの心は神秘の宝庫で、私の遊び仲間とは大違いだ。」と思う。ルントウの話が展開するごとに、「私」は①「待ち遠しい」→②「思ってもみなかった」→③「ああ」「神秘の宝庫」とクレッシェンド的にルントウの魅力を強く感じていく。表現の仕掛けと言える。

(2) ヤンおばさんとの出会い

「私」のところにヤンおばさんが来る。

不意に甲高い声が響いた。／びっくりして、頭を上げて見ると、私の前には、頬骨の出た、唇の薄い、五十がらみの女が立っていた。両手を腰にあてがい、スカートをはかないズボン姿で足を開いて立ったところは、まるで製図用の脚の細いコンパスそっくりだった。

「頬骨の出た、唇の薄い、五十がらみの女」という言い方は、否定的なものである。頬骨が出ることも唇が薄いことも、それ自体は否定的なことではないかもしれないが、この文脈では否定的に読める。「製図用の脚の細いコンパスそっくり」の「ズボン姿」も、ここでは異様な印象である。しかし、「私」が子どもの頃のヤンおばさんは、そうではなかった。

子供の頃、筋向かいの豆腐屋に、ヤンおばさんという人が一日中座っていて、「豆腐屋小町」とよばれていたっけ。しかし、その人ならおしろいを塗っていたし、頬骨もこんなに出ていないし、唇もこんなに薄くはなかったはずだ。

「豆腐屋小町」の「小町」は、美人の提喩である。「よばれていた」とあるのだから、それなりに評判の美人ということであろう。「おしろいを塗っていたし」からは、子どもなりに「私」にとっては「おしろい」が印象的であったということである。多くの人の中で、二十年経過しても「私」の記憶にあるのだから、それなりに印象深かった可能性がある。それが、「頬骨もこんなに出ていないし、唇もこんなに薄くはなかったはず」とあるとおり、大きく変わってしまったということである。その大きな変容ぶりが窺える。

しかし、変わったのは外見だけではなさそうである。「私」に嫌みを言った後に次のように家を出ていく。

「ああ、ああ、金がたまれば財布のひもを締める。財布のひもを締めるからまたたまる……。」／コンパスは、ふくれっつらで背を向けると、ぶつぶつ言いながら、ゆっくりした足どりで出ていった。行きがけの駄賃に、母の手袋をズボンの下にねじ込んで。

私に悪態をつき、「母の手袋をズボンの下へねじ込んで」つまり盗みを働く。「小町」とは似てもつかない変容ぶりである。その上、かなりの悪態を繰り返す。

直接には「私」のヤンおばさんの変化についての感想・見解は書いていないが、少なくとも一定程度の失望があったことは窺える。

この変容は、この後のルントウの変容ともつながる。そして、終結部の「せめて彼らだけは、私と違って、互いに隔絶することのないように……とはいっても、彼らが一つ心でいたいがために」「他の人のように、やけを起こして野放図に走る生活を共にすることも願わない。」につながる。その伏線と読める。

3 山場の形象

(1) ルントウとの三十年ぶりの再会

二十年ぶりのルントウと「私」の再会である。

> 来た客はルントウである。ひと目でルントウとわかったものの、そのルントウは、私の記憶にあるルントウとは似もつかなかった。背丈は倍ほどになり、昔の艶のいい丸顔は、今では黄ばんだ色に変わり、しかも深いしわが畳まれていた。目も、彼の父親がそうであったように、周りが赤くはれている。私は知っている。海辺で耕作する者は、一日中潮風に吹かれるせいで、よくこうなる。頭には古ぼけた毛織りの帽子、身には薄手の綿入れ一枚、全身ぶるぶる震えている。紙包みと長いきせるを手に提げている。その手も、私の記憶にある血色のいい、丸々した手ではなく、太い、節くれだった、しかもひび割れた、松の幹のような手である。

二十年経過し、ルントウが子どもの頃とは「似もつかな」いことが明らかとなる。「艶のいい丸顔」が「黄ばんだ色」に変わる。「しわが畳まれていた」の「畳まれていた」は、しわが折り重なるということだろうから、しわだらけと読める。当然肌の艶は失われ、かさかさになっていることが推測される。目もはれている。子どもの頃「銀の首輪をはめ」、勇壮にチャーに向かっているヒロイックな姿は、「頭には古ぼけた毛織りの帽子、身には薄手の綿入れ一枚、全身ぶるぶる震えている。」に変わる。手も、子どもの頃の「丸々した」おそらくは艶があったであろうものが、「太い、節くれだった、しかもひび割れた、松の幹のような手」に変わっている。ここまでは外見だけではあるが、それだけでも全く別人のような変わりようである。この段階では、「私」の直接の感想・見解はまだないが、この時点で既に落胆・失望していることは間違いない。

「私」はルントウを、「ああルンちゃん――よく来たね……。」と迎える。外見は変わり果ててはいても、三十年前の自分とルントウのことを思い、当時のつもりで話しかける。しかし、ルントウは「うやうやしい態度」に変わって「旦那様！　……。」と反応する。クライマックスである。

「旦那様！　……。」
　私は、身震いしたらしかった。悲しむべき厚い壁が、二人の間を隔ててしまったのを感じた。私は口がきけなかった。

ルントウは、外見だけでなく、内面も大きく変わっていたことがわかる。そして、何より三十年前の子どもの頃の二人の関係は既に完全に消滅していることが明らかとなる。それも「旦那様」という強くへりくだった身分の差を大きく意識した関係に変わっていることが判明する。

その直前に「彼は突っ立ったままだった。喜びと寂しさの色が顔に現れた。唇が動いたが、声にはならなかった。」がある。「喜び」は三十年ぶりの再会のうれしさであろうし、「寂しさ」はおそらくは子どもの頃とは全く違った状況、もう二度とは同じ関係にはなりえないという寂しさであろう。「唇が動いたが、声にはならなかった」ということは、「旦那様」を発する前までルントウなりに躊躇が一瞬でもあったことが推測される。「旦那様」は、①二人の関係の三十年前との著しい落差　②身分の上の者と身分の下の者との関係　③主従の関係――であることを意味している。

だから、「私」は「身震い」する。それも「身震いしたらしかった。」と自分のことであるのに、自分のことでないかのように述べている。あまりの衝撃に自分でも自分が今どうなっているかをしっかりと認識できない。自分の感覚・身体を自分自身で把握できない。それくらいの衝撃を受けたと読める。そして「悲しむべき厚い壁が、二人の間を隔ててしまった」と思う。

これは、既に述べたとおり、展開部で母からルントウの名前を聞くとともに「突然、私の脳裏に不思議な画面が繰り広げられ」ることと関わる。ルントウとの「子供の頃の思い出が、電光のように一挙によみがえり、私はやっと美しい故郷を見た思いがした。」という部分である。それが鮮烈であるゆえに、このクライマックスでの「私」の衝撃・絶望がより強くなる。伏線とクライマックスの関係である。

この後、ルントウの描写がある。「まるで石像のように、そのしわは少しも動かなかった。苦しみを感じはしても、それを言い表すすべがないようにしばらく沈黙し、それからきせるを取り上げて、黙々とたばこをふかした。」ここからは、無表情な無気力な人物像が見えてくる。

ただし、「私」はただ悲しんでいるだけでなく、社会的な要因にも思いをはせる。

> 彼が出ていった後、母と私とは彼の境遇を思ってため息をついた。子だくさん、凶作、重い税金、兵隊、匪賊、役人、地主、みんな寄ってたかって彼をいじめて、でくのぼうみたいな人間にしてしまったのだ。

こういったところが、この作品らしいところである。運命、宿命に解消せずに社会的・政治的な要因を挙げる。「重い税金」については、支配階級の無理な搾取を推測させる。これは「役人」「地主」ともつながる。「兵隊」は本来、自国民を守るべき者だが、それが民衆を苦しめていると推測させる。「匪賊」は略奪をする盗賊である。そういう勢力が存在するということは、当時の政府の統治機能が十分でないことを示している。それらに「凶作」などの要因が重なる。「凶作」も単なる自然現象とだけは言えない。灌漑設備の貧弱さ、農業機器の貧しさ、蓄えをもてないような貧困などが、その背景にあるはずである。

いずれにしても、社会的・政治的な要因に「私」が目を向けていること自体に意味がある。そういうことを認識するだけの教養や社会認識の力をもっている人物と読める。この作品が、「私」と故郷の人々との関係を描くだけでなく、社会的な状況にまで視野を広げているものであることがわかる。

そこからは、同時にこれだけ複数の要因があるゆえに、そう簡単にこの事態を変えることができないとも読める。絶望的な状況ということである。ただし、一方では要因がはっきりしているがゆえに、全く変えることができないとは限らないとも読める。これらが、終結部の「私」の思索、そこでの希望と絶望、煩悶につながる。

（２）ホンルとシュイションの存在

山場で、もう一つ注目すべき部分がある。ルントウの子どものシュイションと、「私」の甥のホンルの存在である。まずシュイションは、クライマックスの直後に次のように描かれる。

> これぞまさしく三十年前のルントウだった。いくらか痩せて、顔色が悪く、銀の首輪もしていない違いはあるけれども。

そして、「ホンルはシュイションを誘い、シュイションもうれしそうに、そろって出ていった。」とある。ルントウと「私」の「旦那様」という関係をよそに、二人は三十年前のルントウと「私」のようにうれしそうに遊ぼうとしている。

これが、終結部の私の希望と絶望の大きな伏線となる。もちろん、「私」とルントウとの関係、ヤンおばさんの変容、またそれらの背景にある社会的・政治的な状況も、終結部の私の思索の大きな伏線である。伏線が重層的にある中で終結部を迎えることになる。

4 終結部の形象

(1) 船上での「私」の「希望」

今「私」が生計を立てている「異郷の地」に戻る船中が終結部である。

「船はひたすら前進した。両岸の緑の山々は、たそがれの中で薄墨色に変わり、次々と船尾に消えた。」は、暮れていくゆえの薄墨色なのだが、同時に故郷の緑との別れ、消えていく故郷が読める。そこで、まず「私」の心を揺さぶるのは、甥のホンルである。

「伯父さん、僕たち、いつ帰ってくるの。」
「帰ってくる?　どうしてまた、行きもしないうちに、帰るなんて考えたんだい。」
「だって、シュイションが僕に、家へ遊びに来いって。」
大きな黒い目をみはって、彼はじっと考え込んでいた。
私も、私の母も、はっと胸をつかれた。

三十年前のルントウと「私」と極めて似た関係が、シュイションとホンルの間に生まれていることに気がつく。これが、この後の「私」の希望と絶望の伏線となる。
次は、ルントウの行為についての推測である。

例の豆腐屋小町のヤンおばさんは、私の家で片づけが始まってから、毎日必ずやって来たが、おととい、灰の山から碗や皿を十個余り掘り出した。あれこれ議論の末、それはルントウが埋めておいたにちがいない、灰を運ぶとき、いっしょに持ち帰れるから、という結論になった。

何の証拠もない。実際にルントウが埋めたのか、埋めなかったのかは、作品からはわからない。埋めている可能性も否定できないし、逆に埋めたという証拠もない。しかし、ルントウが実際にそういうことをしていたかどうかということ以上に、そういうことをしたかもしれないという可能性があるだけで、「私」には苦しいことであり残念なことである。あのルントウがもしかしたら碗や皿をごまかして盗もうとしていたということなのだから。
それと呼応するように、その直後「すいか畑の銀の首輪の小英雄の面影は、元は鮮明このうえなかったのが、今では急にぼんやりしてしまった。これもたまらなく悲しい。」とある。「美しい故郷」は「私」の中で消えようとしている。
ここから、「私」の希望と絶望をめぐる思索が始まる。

私も横になって、船の底に水のぶつかる音を聞きながら、今、自分は、自分の道を歩いているとわかった。思えば、私とルントウとの距離は全く遠くなったが、若い世代は今でも心が通い合い、現にホンルはシュイションのことを慕っている。せめて彼らだけは、私と違って、互いに隔絶することのないように……とはいっても、彼が一つ心でいたいがために、私のように、むだの積み重ねで魂をすり減らす生活を共にすることは願わない。また、ルントウのように、打ちひしがれて心が麻痺する生活を共にすることも願わない。また、他の人のように、やけを起こして野放図に走る生活を共にすることも願わない。希望をいえば、彼らは新しい生活をもたなくてはならない。私たちの経験しなかった新しい生活を。

「自分は、自分の道を歩いているとわかった。」とは、これまではどこか故郷の人たちとつながっている、その意味でどこか一緒に歩いているかもしれないという感覚をもっていた。しかし、実際に故郷に戻ってみると、既に別々の道を歩んでいたことに気づくということであろう。

この直前の「自分の周りに目に見えぬ高い壁があって、その中に自分だけ取り残されたように、気がめいるだけである。すいか畑の銀の首輪の小英雄の面影は、元は鮮明このうえなかったのが、今では急にぼんやりしてしまった。」は、それに対応していると読める。

「若い世代は今でも心が通い合い、現にホンルはシュイションのことを慕っている。せめて彼らだけは、私と違って、互いに隔絶することのないように……」からは、次の世代への希望が読める。「彼ら」とは、直接にはホンルとシュイションを示すが、同時に彼らに代表される若い世代全体への願いである。

この「隔絶」はかなり強い表現である。強く隔たっていること、全く関係が絶たれることである。ここではおそらく三つの隔絶がある。一つは、身分的・社会的階層（階級）としての隔たりである。二つには、物理的に遠いという隔たりである。そして三つ目には、心の上での隔たりである。

ただし、ただ隔絶しなければよい、一緒であればよいというわけではないと断りが入る。「とはいっても、彼らが一つ心でいたいがために」と、言いながら三つの生活のあり方を否定する。

一つ目は「彼らが一つ心でいたいがために、私のように、むだの積み重ねで魂をすり減らす生活を共にすることは願わない。」である。「私のように、むだの積み重ねで魂をすり減らす生活」ということは、おそらくは、当時の中国の知識階層のことを指し示していると読める。「魂をすり減らす生活」とは、知識階層が精神的な苦しみで消耗していく状態と推測できる。「すり減らす」とは、摩擦・摩耗で少しずつ少しずつ消耗していくということである。一気にではなく、長い期間に継続する精神的な苦しみである。たとえば、知的な仕事での誤解や不信、人間関係のすれ違い、思想と思想のぶつかり合いによる徒労、自らの知的な働きかけや努力が報われない虚しさなどが考えられる。そして「すり減らす」からは、初めはあったであろう気力ややる気、希望、自信、自負、信頼などが少しずつ失われていっているという可能性も読める。そういった知識階層の苦しみを若い世代が共有するような「一つ心」など「願わない」と否定する。

二つ目は「また、ルントウのように、打ちひしがれて心が麻痺する生活を共にすることも願わない。」である。これは、おそらくは、当時の中国の農民階層、または土地をもたない農業労働者階層の代表としてのルントウである。「心が麻痺する生活」とは、直接にはルントウの「顔にはたくさんのしわが畳まれているが、まるで石像のように、そのしわは少しも動かなかった。苦しみを感じはしても、それを言い表すすべがないように、しばらく沈黙し、それからきせるを取り上げて、黙々とたばこをふかした。」という姿に代表されるような生活であろう。「私」が「でくのぼうみたいな人間」とルントウを見ていたことと対応する。人間的な感情や感受性、喜びや怒り、そして悲しみや痛みさえもなくなっている状態、また生活である。

「打ちひしがれて」は、強い力で粉々にする、強い力で気力を失わせるという意味である。展開部の「子だくさん、凶作、重い税金、兵隊、匪賊、役人、地主、みんな寄ってたかって彼をいじめて、でくのぼうみたいな人間にしてしまったのだ。」と対応する。何度も何度もひどい目にあわされ、人間的な感情や感受性をなくしてしまう。気力も覇気もなくしてしまう。そして立ち直れないところにまで追い詰められてしまう。そういった農民階層の苦しみを若い世代が共有するような「一つ心」など「願わない」と否定する。

三つ目は「また、他の人のように、やけを起こして野放図に走る生活を共にすることも願わない。」である。展開部で登場したヤンおばさんに代表されるような商人や労働者などの庶民階層のことであろう。母が「あの連中、また来ている。道具を買うという口実で、その辺にある物を勝手に持ってゆくのさ。」と言う「あの連中」でもある。ヤンおばさんもそのとおりの人物である。「野放図に走る」とある。「野放図」とは、図々しさ、自分勝手、傍若無人、ルールを守らないことである。人間としての倫理や道徳を喪失させてしまっていることである。盗み、ごまかしなどを平気で行い、ウソ、デマ、悪口などを平気で口にする。「走る」には、その状態に強く傾く、歯止めを失うという意味がある。「やけを起こして」は、どうにもならない、いつも期待外れ、思うとおりに全くならないことが続くために、自暴自棄になるということであろう。さきほどの「子だくさん、凶作、重い税金、兵隊、匪賊、役人、地主、みんな寄ってたかって」は、農民階層だけに言えることではない。どうあがいても、どうにもならないという絶望がその裏にある。そのような「他の人」たちの苦しみを若い世代が共有するような「一つ心」など「願わない」と否定する。

支配階層や裕福な資産家、役人、軍人などを除く当時の中国の大多数の人々を、三つの典型として取り上げている。

そして、「私」は「希望をいえば、彼らは新しい生活をもたなくてはならない。私たちの経験しなかった新しい生活を。」と願う。「希望をいえば」と少し控えめな表現になっている。これは、私の気持ちが弱いということではなく、そのことをあからさまに希望しても、そう簡単には実現しないことを熟知しているがゆえの言葉であろう。しかし、「新しい生活をもたなくてはならない。」と、その後の表現は強い。そして「私たちの経験しなかった新しい生活を。」と省略法によって、願いの強さを表現する。「私たち」とは、ここでは知識階層、農民階層、労働者階層、商人などの庶民階層を含む当時の中国の大多数の人たちのことであろう。「新しい生活」とは、おそらくはそれまで中国で一度も実現されたことのない生活や社会のことである。

（2）「私」の強い絶望＝自己否定

せっかく「若い世代」に「新しい生活を」と強く願ったのだから、これで終わってもよさそうである。しかし、強く「希望」をもった次の瞬間、「私」はそれとは真逆の強い絶望をもつ。

> 希望という考えが浮かんだので、私はどきっとした。たしかルントウが香炉と燭台を所望したとき、私は、相変わらずの偶像崇拝だな、いつになったら忘れるつもりかと、心ひそかに彼のことを笑ったものだが、今私のいう希望も、やはり手製の偶像にすぎぬのではないか。ただ、彼の望むものはすぐ手に入り、私の望むものは手に入りにくいだけだ。

「若い世代」に「新しい生活を」という「希望」をもったその次の瞬間に「どきっと」する。思索の結果というより、強い感情に突き動かされたようである。もちろん感情だけでなく、論理的な根拠も述べる。ルントウの偶像崇拝と「私」の「希望」は、結局同じではないかという絶望である。ここで「偶像崇拝」とは、積極的な宗教行為を言っていない。「いつになったら忘れるつもりかと」笑い、「すぎぬ」と言うのだから、明らかに否定的な意味をもつ。ここでいう「偶像」とは、木や石や金属で作られた物質としての像や物などのことであり、「偶像崇拝」とはそれらを絶対的なものとして何も疑わずに盲信する行為である。つまり、中身のないものを尊いものとして根拠なく信じ込むことである。自分の心の中で勝手に作りあげた非現実的な妄想といった意味でもある。

知識人としての「私」にとっては、ルントウの偶像崇拝は、そういうものとしてばかげたこと愚かなことに思える。だから「笑った」のであろう。しかし、実は「私」の「希望」、つまり「若い世代」に「新しい生活を」という「希望」も、「手製の偶像にすぎぬ」と思う。ここで「手製」は否定的な意味をもつ。自分流のやり方で勝手に作り上げたということである。「若い世代」に「新しい生活を」という「私」の「希望」も、結局のところ何の根拠もない「私」が勝手に作りあげた非現実的な妄想に過ぎないと強く自らを否定しているのである。だから、この「どきっ」はかなり重く苦しい。

それにしても、「若い世代」に「新しい生活を」という「希望」をせっかくもったのだから、それをもち続ければいいとも思える。そこまで自己否定しなくてもいいのではないかとも思う。現に、シュイションとホンルは、また会いたいと願っている。「新しい生活を。」で私の思いを終わらせてもよかったはずである。なぜそこまで自己否定するのか。

それは、おそらくは当時の中国の社会状況・政治状況と深く関わると考えられる。「子だくさん、凶作、重い税金、兵隊、匪賊、役人、地主、みんな寄ってたかって」からは、一部の悪人が社会を悪くしているというレベルをはるかに越えていることが推測できる。社会・政治の制度そのものがおかしくなって、本来であれば国民の福利を考えるべき為政者たちでさえ腐敗している状況を窺わせる。「私」はそういった当時の中国の悲惨で絶望的な状況を熟知しているのであろう。それゆえに、そういった状況が大きく変わり、「若い世代」に「新しい生活」が実現するなど、ありえないと考えた。非現実的な妄想と考えたのであろう。だから、シュイションとホンルを見て、一度は強く願った「若い世代」に「新しい生活を」という「希望」を自ら否定したのである。

さらには「私のようにむだの積み重ねで魂をすり減らす生活を共にすることは願わない」と述べていることとも関連があるとも考えられる。「私」は、これまで「新しい生活」を願ってなにがしかの行動や働きかけをしてきたのかもしれない。しかし、「むだの積み重ね」とあるように、それらがことごとく破綻し成果を上げることがなかったという絶望がそこにあるとも読める。

この時点で、私の思索において自己内対話が展開されていることが見てとれる。自らの見方・考え方を自ら否定しながら思索していくという自己内対話である。これは、導入部の「その美しさを思い浮かべ、その長所を言葉に表そうとすると、しかし、その影はかき消され、言葉は失われてしまう。」とも対応する。

（3）「希望とは、もともとあるものともいえぬし、ないものともいえない。」を読む

しかし、私の「今私のいう希望も、やはり手製の偶像にすぎぬのではないか。」でもこの作品は終わらない。私の自己内対話は、さらに展開する。

> まどろみかけた私の目に、海辺の広い緑の砂地が浮かんでくる。その上の紺碧の空には、金色の丸い月が懸かっている。思うに希望とは、もともとあるものともいえぬし、ないものともいえない。それは地上の道のようなものである。もともと地上には道はない。歩く人が多くなれば、それが道になるのだ。

「若い世代」に「新しい生活を」という強い「希望」から、一転して「どきっ」という自己否定という緊張した思考の振幅の後に、「私」は「まどろみかけ」る。故郷での様々の苦しく衝撃的な出会い・体験に疲れ、また緊張した思索に疲れ、うとうとしかける。ぼうっとしてくる。

その「私」の目に「海辺の広い緑の砂地が」浮かび、「その上の紺碧の空には、金色の丸い月が懸かっている」風景が浮かぶ。もちろんこれは、三十年前に子どものルントウと子どもの「私」が「一つ心」でいられたころの風景である。展開部で鮮烈な印象をもって「電光」のように蘇った風景である。それがここで再び蘇る。「海辺の広い緑の砂地」は、展開部で蘇った風景では「海辺の砂地で、見渡すかぎり緑のすいかが植わっている」となっている。「紺碧の空には、金色の丸い月が懸かっている」は、ほぼ同じである。ここでは特に「金色の月」が印象的である。満月である。その満月の黄色を「金色」と表現する。肯定的な表現である。おそらくは雲もなく綺麗に金色の満月が見える。展開部で蘇った風景では、その下に「見渡すかぎり緑のすいか畑」があり、そこに「銀の首輪をつるし、鉄の刺叉を手にした」ルントウが立っている。そして、チャーを突こうとしている。「美しい故郷」の象徴がここへ来て、「まどろみかけた私」の脳裏に再び蘇る。子どもの頃の「私」とルントウとの関係は、完全に消え去ってしまったが、その時の二人の出来事・関係は決して私の幻想ではない。そういう時もあったことを思い出す。

そして、「思うに希望とは、もともとあるものともいえぬし、ないものともいえない。」という最後の結論に向かっていく。「思うに」という言い方は、「よく考えてみると」の意味である。故郷に絶望もし、希望ももった。再び絶望もした。それらを経て試行錯誤し煩悶したが最終的にはというニュアンスが読める。

「希望とは、もともとあるものともいえぬ」の「もともとあるもの」は、ここでは昔からあるといった意味ではない。ここでは、「若い世代」が「私たちの経験しなかった」「新しい生活」を送れるようになることは、当然現実となるべきもの、必ず実現するものということであろう。今はこれだけ絶望的な状況だが、いつかは必ず実現するものということである。前向きな見方、積極的な見方とも言える。楽観的な見方にも通じるとも言える。そういう見方を「私」は、「ともいえぬ」と否定する。

しかし、同時に「ないものともいえない」とも述べる。「ないもの」とは、「若い世代」が「私たちの経験しなかった」「新しい生活」を送れるようになることは、どうやっても絶対に実現することなどない。「偶像」に過ぎない。いくらもがいてもとてもありえないということである。後ろ向きの極めて消極的な見方である。悲観的な見方とも言える。そういう見方についても、「私」は「いえない」と否定する。

「私」は、これまで考えてきた「若い世代」に「新しい生活を」という希望も、「偶像」であるという絶望も、ともに否定する。「あるものともいえぬ」と「ないものともいえない」の順序は、ここで重要である。もし「思うに希望とは、もともとあるものともいえぬし、ないものともいえない。」では、意味が変わってくる。同じ並列でも、やはり後半がより強調される。「思うに希望とは、もともとあるものともいえぬし、ないものともいえない。」の順序の意味も読んでおく必要がある。

そして、「それは地上の道のようなものである。もともと地上には道はない。」と続く。道のない地上とは、当時の中国の過酷な社会状況・政治状況とも言える。まだ未開拓の荒野・原野のイメージであろうか。

最後に「歩く人が多くなれば、それが道になるのだ。」が来る。「歩く」は「走る」とは違う。ゆっくりとした速度での進み方である。また、「道になる」のであって「道を作る」のではない。道を作ろうとする何人かの者たちだけが作るというものではない。だんだんと少しずつ「歩く人」が多くなり「道になる」しかない。そういう形で「道」を実現する以外に方法はないということである。

さらに言えば、道を作ろうと「考える」でもない。また、「道ができるのだ」でもない。「歩く人が多くなれば、それが道になるのだ。」である。

「歩く」ようにゆっくりかもしれないが、「新しい生活」を求めて歩く人、生活する人たちが少しずつだんだんと多くなり、結果としてそれが道になる。つまり「新しい生活」が実現するということであろう。逆に言えば「新しい生活」を求めて、あるいは願って生活をしていく人たちが、少しずつだんだんと多くなっていくことによってしか「道になること」つまり「新しい生活」が実現することはありえないということである。

そう見てくると、この第二のクライマックスがこの作品の主題を大きく担っていることがわかる。

(4)「私」の弁証法的思考構造

これまで繰り返し指摘してきた「私」の弁証法的な思考が、最後に大きく結実する箇所である。

導入部を振り返ると、まず「私の故郷は、もっとずっとよかった」から始まる。しかし、「やはりこんなふうだったかもしれない。」とも思う。そして「もともと故郷はこんなふうなのだ――進歩もないかわりに、私が感じるような寂寥もありはしない。そう感じるのは、自分の心境が変わっただけだ。」と新たな見方に到達する。既に述べたとおり、これ自体が優れた弁証法的思考である。それと相似形の思考・煩悶が、終結部でまた生まれる。

故郷への否定的な印象のままに「私」は故郷に降り立つ。そこで母からルントウの名前を聞くと、「突然、私の脳裏に不思議な画面が繰り広げられ」「やっと美しい故郷を見た思い」がする。ところが、現実のルントウに会うと、その変わり果てた姿と「旦那様！　……。」の言葉によって打ちのめされる。絶望的な現実を思い知る。ヤンおばさんも含め「美しい故郷」などどこにもなかったのである。

しかし、そういう「私」であるが、若いシュイションとホンルの姿を見て、またシュイションの言葉を聞くことで「希望を言えば、彼らは新しい生活をもたなくてはならない。私たちの経験しなかった新しい生活を。」と強く願う。しかし、その次の瞬間、「私」は「どきっと」し、自己否定をする。「今私のいう希望も、やはり手製の偶像にすぎぬのではないか。」である。既に述べたように、「新しい生活を。」で希望をもって終わってもよかったはずである。そういう作品は少なくない。しかし、「私」はそれで終わることができない。当時の中国の悲惨な現実を知り尽くしているからである。

しかし、それでもまだ終わらない。最後に「私」は「もともとあるものともいえぬ」とさきほどの希望を否定しつつも、「ないものともいえない」と絶望をも否定する。そして、希望でも絶望でもない、第三の結論「もともと地上には道はない。歩く人が多くなれば、それが道になるのだ。」に至る。

否定を繰り返しながら、自己内対話を重ね、より高次の認識に到達していくという思考構造である。希望と絶望を行き来しながら、だんだんと認識が深まっていく弁証法的思考構造である。それが読者に説得力をもって響いてくる。

第3節　「故郷」の吟味・評価―吟味よみ

1　人間と社会との関係ということ

展開部の「子だくさん、凶作、重い税金、兵隊、匪賊、役人、地主、みんな寄ってたかって彼をいじめて、でくのぼうみたいな人間にしてしまった」は、社会的・政治的な文脈に目の前の事態を当てはめている。「阿Q正伝」ほど徹底してはいないが、事態を「私」とルントウとの個別の問題に矮小化することなく、社会的・政治的な観点で目前の事態を語っている。

日本の近現代の小説は、「私小説」に代表されるように「私」という個人の物語を述べるものが圧倒的に多い。現代の芥川賞・直木賞受賞作品を見ても、その事情は基本的に変わっていないと言わざるをえない。日本では、大正時代の終わりから昭和時代の初頭にプロレタリア文学が大きな流れとして出てきたが、そこでは社会的・政治的な文脈で人間の生き方・あり方を見つめていくという要素が重視された。しかし、政府の残虐な弾圧によって、それらは消滅していく。戦後に、復活の動きはあったものの、そのときの勢いはない。社会的・政治的な文脈を離れた「私」ごととしての個人の物語が、日本の小説では圧倒的な存在感をもつ。文学作品は、人間、社会、世界の多様な側面を取り扱うものだから、「私」の個人の物語を扱うこと自体を否定するつもりはない。そういう文学だけになってしまい、社会的・政治的な観点をもった文学作品が極めて少ないということが問題なのである。

そういう文脈で、この「故郷」を見ると、（不完全なかたちとはいえ）「子だくさん、凶作、重い税金、兵隊、匪賊、役人、地主、みんな寄ってたかって」という文脈で事態をとらえている点が評価できる。これは、もちろん当時の中国の社会・政治だが、これは現在の中国、そして現在の日本にも当てはまる部分が少なくない。年々所得格差が拡大し、かなりの国民が低所得に固定化されつつある。それとの関わりで社会の問題、家族の問題、教育の問題などが生まれ、人間らしい生き方が否定されるような事態が進みつつある。

「私のように、むだの積み重ねで魂をすり減らす生活を共にすることは願わない。また、ルントウのように、打ちひしがれて心が麻痺する生活を共にすることも願わない。また、他の人のように、やけを起こして野放図に走る生活を共にすることも願わない。」からも、社会と人間の関係をとらえようという構えが見える。

「当時の中国はたいへんだった」ということではなく、時間的・空間的な違いを超えて、「現在の日本や世界にこういうことは本当にないのか」という観点でこの小説を読み直すことは可能である。そして、もちろん「思うに希望とは、もともとあるものともいえぬし、ないものともいえない。それは地上の道のようなものである。もともと地上には道はない。歩く人が多くなれば、それが道になるのだ。」も、また新しい意味で読み直すことが可能である。

授業で、それらをどこまで取り上げるかは、各学校・各学級の事情によるが、そういう切り口でこの作品を再読することはできる。

2 宇佐美寛の「故郷」批判を吟味する

宇佐美寛が「故郷」批判を展開した。それについて「吟味よみ」として検討をしてみたい。

宇佐美は、「私」が「希望をいえば、彼らは新しい生活をもたなくてはならない。私たちの経験しなかった新しい生活を。」と考えていることについて、次のように批判する(注2)。

> 「わたし」は、自分とルントウとが遠く離れるということを予め認識し得なかった。（だからルントウの「だんな様！……」に「口がきけなかった」のである。）すでに、そのように誤った認識をした者に、なぜ未来についての認識を自己点検抜きで語る資格があるのか。

そして、次のように続ける。

> ①現在の社会的条件は、どう悪いのか。②それをどう変えるべきか。③その変革において自分は何をするのか。この三つを自覚的に語らないで「希望」を語るのは、実にむなしい。また、この三つを語れば、もう「希望」など大ざっぱに語る必要もない。

そして、そんな「『わたし』には、『希望』を語る資格など無い。」と述べる。

かなり手厳しい。しかし、宇佐美の批判は当たっているのか。

右の「社会的条件は、どう悪いのか。」「どう変えるべきか」「変革において自分は何をするのか」は、いずれもなかなかハードルが高い。たとえば「社会的条件に関わることはわかるが具体的に指摘するまではできない」「それを願う人が多くなる以外に変える方法はないまではわかるがそれ以上はまだ迷いがある」「自分は何ができるかまだよくわからない」という人物は、「希望」を語ってはいけないことになる。そうなると（おそらくは阿部を含め）「希望」について語れる者は極めて限られてくることになる。「希望」禁止に近い。

小説の世界でなく現実の世界でも、それは難しい。小説の場合は、すべてを語ることはできない。仮にそれらをすべて語ったとすると、説明臭いつまらない作品になる可能性が高い。しかし、それをクリアしない者は「希望」を語るなというのである。

そして、最後の「まどろみかけた私の目に、海辺の広い緑の砂地が浮かんでくる。」から始まり「もともと地上には道はない。歩く人が多くなれば、それが道になるのだ。」について宇佐美は次のように述べる。

> 評判の高い一節である。しかし、いかにも「まどろみかけた」ぼんやりした頭から出そうな無責任で粗雑な言葉である。
>
> 歩く人がいなくても、みんなが歩くべき道すじを自分は見出すべきなのである。「自分は一人でも歩く。」と言えることが必要である。つまり、「人びとは賛成してくれないが、自分の主張の方が正しい。また人びとのためになる。」と言えることである。歩く人が多くなる場合でも、「最初の一歩は自分が印する。だからこの道を歩いてくれ。」という気概が要る。そういう自己（self）を持たずに人びとに期待するのは、無責任である。

そして、「『自分は何をしてきたか、これから何をするのか』を明らかに自覚すること無しに他の人びとに期待するのは、およそ改革にとっては有害な態度である。」と批判する。

「見出すべき」「気概が要る」「無責任である」と厳しい。「みんなが歩くべき道すじを自分は見出すべき」『自分は一人でも歩く』と言えることが必要」「『最初の一歩は自分が印する。だからこの道を歩いていくれ。』という気概」がない者は、「希望」について語る資格がないと言う。

ここも、さきほどと同じ「希望」禁止である。右の条件をクリアしない者は、「希望」について語り、たとえば「歩く人が多くなれば、それが道になるのだ。」と言ってはいけないのである。そうなると、一体どれだけの者が「希望」を語れるのか。ここまで「希望」を禁止され「資格」がないと言われたら、どれだけ現状に問題を感じていても、黙っているしかない。迷いをもち、道すじは十分にわからない。一人で歩くと断言できない。「最初の一歩は自分が印する」とまでは言えない。そういう人たちは「希望」について語り「希望」を願い、現状を変えたいと思ってはいけないということである。

宇佐美は、「私」がルントウにもヤンおばさんにも、「希望」に関わり何の働きかけもしていないことを批判する。

ルントウにもヤンおばさんにも、何ら「連帯」の働きかけをしていない、身近に現にいる人に対して何もしない者に、未来の「連帯」を思う資格があるか。

ここでも宇佐美のハードルは高い。ここまでできないと「希望」や「連帯」について語ってはいけないのである。これはつまりは、よく認識できていない者、自分を自覚化できていない者は黙っていろと言っているに等しい。「希望」をもち「連帯」を願うからと言って、目の間にいる人たちに直ちに働きかけるかどうかは、また別の問題である。宇佐美は社会や政治のあり方に矛盾を感じ、多くの人たちの怒りの声を大きくしていこうと考えた際には、今自分が住んでいる家のお隣やお向かいに出かけていって「許せませんね」と訴えるのであろうか。「希望」をもち「連帯」を呼びかけるとしても、誰に呼びかけるか、またその日時や方法は、様々であるはずである。「希望」「連帯」を語る資格がないはずはない。仮に今は働きかけや呼びかけはしないとしても、「希望」をもち「連帯」を求めることの方が、ただ絶望し立ちすくんでいるよりずっと意味がある。

若い世代に「新しい生活を」と願いつつ、直後に「どきっ」として「今私のいう希望も、偶像崇拝にすぎぬのではないか」と考える。この迷いや煩悶こそ、むしろ現実の人間のあり方である。そして、「もともと地上には道はない。歩く人が多くなれば、それが道になるのだ。」と考える。希望でも絶望でもないという見方をしては、なぜいけないのか。宇佐美は自分の中で作りあげた聖人君子を「私」や作品に求めて、事実上の変革の「希望」や「連帯」を押さえ込むことになっている。

宇佐美のように言い切ることこそが、宇佐美が言う「保守的な機能を果たすこと」になるのではないか。

〈注〉

(1) 本文は、中学校教科書『国語3』二〇一六年、光村図書による。

(2) 宇佐美寛『国語科授業批判』一九八六年、明治図書（後に『宇佐美寛問題意識集4・「文学教育」批判』二〇〇一年に所収）

【著者紹介】

阿部　昇（あべ　のぼる）

秋田大学大学院教育学研究科特別教授，秋田大学名誉教授，
東京未来大学特任教授。

専門は，国語科教育学，教育方法学。

1954年生まれ。茗溪学園中学校高等学校教諭，秋田大学教育文化学部教授，秋田大学大学院教育学研究科教授等を経て現職。

2008年～2011年秋田大学教育文化学部附属小学校校長。

「読み」の授業研究会代表，日本教育方法学会理事，全国大学国語教育学会理事，日本ＮＩＥ学会理事。

2007年～2019年秋田県検証改善委員会委員長。

小学校・中学校国語教科書編集委員（光村図書）。

〈著書（単著）〉

『増補改訂版　国語力をつける物語・小説の「読み」の授業―「言葉による見方・考え方」を鍛えるあたらしい授業の提案』『読解力を鍛える古典の「読み」の授業―徒然草・枕草子・平家物語・源氏物語を読み拓く』『確かな学力を育てるアクティブ・ラーニングを生かした探究型の授業づくり』『文章吟味力を鍛える』『授業づくりのための「説明的文章教材」の徹底批判』『「オツベルと象」の読み方指導』（以上明治図書），『頭がいい子の生活習慣―なぜ秋田の学力は全国トップなのか？』（ソフトバンククリエイティブ）など多数。

〈著書（編著書）〉

『あたらしい国語科指導法・六訂版』『国語の授業で「言葉による見方・考え方」をどう鍛えるのか』『国語の授業で「主体的・対話的で深い学び」をどう実現するか』『国語科教科内容の系統性はなぜ100年間解明できなかったのか』『教育の方法と技術・改訂版』（以上学文社），『国語力をつける説明文・論説文の「読み」の授業』（明治図書），『文学作品の読み方Ⅱ』（日本標準）など多数。

物語・小説「読み」の授業のための教材研究
―「言葉による見方・考え方」を鍛える教材の探究―

2019年９月初版第１刷刊　©著　者　阿　部　昇
2023年11月初版第３刷刊　発行者　藤　原　光　政
発行所　明治図書出版株式会社
http://www.meijitosho.co.jp
（企画）木山麻衣子（校正）吉田　茜
〒114-0023　東京都北区滝野川7-46-1
振替00160-5-151318　電話03(5907)6702
ご注文窓口　電話03(5907)6668
＊検印省略　組版所　藤　原　印　刷　株　式　会　社

本書の無断コピーは，著作権・出版権にふれます。ご注意ください。

Printed in Japan　ISBN978-4-18-219912-7
もれなくクーポンがもらえる！読者アンケートはこちらから
→

好評発売中！

日本の小・中学校の国語授業を大きく変える画期的な１冊！

国語力をつける
物語・小説の「読み」の授業

―PISA読解力を超えるあたらしい授業の提案―

阿部　昇 著

図書番号 1586／A5判 288頁／本体2,600円＋税

　教科書教材をもとに、物語・小説の「構造よみ」「形象よみ」「吟味よみ」の指導過程と教科内容を解明し、教材研究の方法、具体的な授業づくりのコツなども紹介した。今まで解明が不十分だった物語・小説を豊かに確かに「読む力」をつける新しい指導過程を提案する。

目次より

第１部　国語力をつける物語・小説の「読み」の授業
第一章　物語・小説についての三つの指導過程と三つの国語の力
第二章　「構成・構造」に着目したあたらしい「読み」―構造よみ　他
第２部　有名教材であたらしい「読み」の授業を検証
第一章　「ごんぎつね」（新美南吉）のあたらしい「読み」の授業　他

国語力をつける
説明文・論説文の「読み」の授業

―読む力を確かに育てるあたらしい指導法入門―

「読み」の授業研究会 著

図書番号 2260／A5判 168頁／本体2,100円＋税

　教科書教材をもとに、説明文・論説文の「構造よみ」「論理よみ」「吟味よみ」の指導過程と教科内容を解明し、教材研究の方法、具体的な授業づくりのコツなども紹介した。活発な話し合いや対話・討論が展開される説明文・論説文の授業が必ず実現する指導過程を提案する。

目次より

第一章　説明文・論説文の「読み」の授業―三つの指導過程
第二章　構造よみ―文章の構成・構造を読む指導過程
第三章　論理よみ―文章の論理・ことがらを読む指導過程
第四章　吟味よみ―文章を評価し批判する指導過程
第五章　小学校の説明文・論説文の「読み」の授業―教材研究と授業案
第六章　中学校の説明文・論説文の「読み」の授業―教材研究と授業

明治図書　携帯・スマートフォンからは **明治図書 ONLINE へ** 書籍の検索、注文ができます。▶▶▶

http://www.meijitosho.co.jp　＊併記４桁の図書番号（英数字）でHP、携帯での検索・注文が簡単に行えます。

〒114－0023　東京都北区滝野川７－46－１　ご注文窓口　TEL（03）5907-6668　FAX（050）3156-2790